從小打造富腦袋的零用錢教養術

藍博子 著
西村隆男 監修
春原彌生 繪
林冠汾 譯

善用「零用錢程式」，讓孩子學會

聰明規劃・目標分配・計劃性賺錢

做金錢的主人！

最新版 子どもに
おこづかいをあげよう！

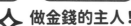

第1章

小孩閱讀篇

什麼是「零用錢程式」？要怎麼領零用錢？

第2章

小孩的金錢教育與零用錢

漫畫
巧克力

第4章

零用錢的給法❶ 如何決定零用錢的金額多寡？

第5章

零用錢的給法❷

從如何決定要讓孩子做哪些「家庭工作」，到零用錢的管理方法全報給你知！

特別篇

第 1 章

小孩閱讀篇

什麼是「零用錢程式」？要怎麼領零用錢？

給小孩閱讀的零用錢漫畫
小金的
我的零用錢
0 如果有一棵搖錢樹該有多好……
15號就快到了……
吞口水
我最愛的月刊《漫畫小子》固定在每個月15日出刊。
月刊
漫畫小子
5月號
再忍耐幾天就可以看到續集了！
可是……這個月要怎麼做才要得到呢……
每次都是拜託媽媽買給我……
媽媽，我想買漫畫。
漫畫小子

不行！
甩頭
嗚……
所以我都會在出刊的幾天前，
就開始主動幫忙，
或是討媽媽的歡心。
媽媽是大美女！
老實說，挺累人的。
有時候即使已經很努力，
媽媽還是不肯買給我。
使出千方百計…
考高分
按摩
洗碗
拍馬屁
想要拜託大人
買我想要的東西給我，
還眞是不容易！

好比說，
媽咪，我想買零食！
不行！
爸爸，我想買玩具！
不行！
每次拜託大人買東西給我時，常常都會被拒絕。
當然他們偶爾也會願意買給我。
但是我覺得主要還是得看媽媽的心情好壞。
媽媽的心情
就是這樣才更累人！
每次想要買東西時，
就要跟大人求情或要錢，還要察言觀色，這樣不僅累人，也很麻煩。
要怎麼做才可以不用拜託爸爸或媽媽，就可以得到想要的東西……
咚！

必須有錢，才能買書、買零食。
漫畫
金錢
巧克力
到手！
錢怎麼來？錢是靠大人去上班工作賺來的。
公司
工作
金錢
可是，我還不能去上班工作。
沒辦法，我還是個小孩嘛！
NO
要是有一棵搖錢樹，不知道該有多好！
我要去買漫畫！
哪可能有搖錢樹……
我有好方法可以解決你的煩惱喔！

只要拿到「零用錢」就好了啊！
我有零用錢啊！
像是收到壓歲錢，或是幫爸爸洗車、幫媽媽做事的時候，他們都會給我零用錢呀！
妳是誰啊？
我是金錢小精靈，可以叫我小錢！
還有嗎？做其他事也都拿得到零用錢嗎？
其實，
上小學一年級的時候，媽媽說過每月10號會固定給我零用錢，可是……
你不是答應過媽媽五點之前會到家？不聽話的小孩別想再拿到零用錢！
從那次之後，都要費盡心思才拿得到零用錢。

你放心！
你可以嘗試看看「零用錢程式」！
「零用錢程式」呢，
是一種親子之間的正式約定。
所以，既不會起爭執，也不需要向父母求情，就能夠每週都固定拿到錢。
這麼好！
讓我來告訴你該怎麼做，才能順利拿到零用錢吧！

1
會議
召開「零用錢會議」
首先，你要和爸爸、媽媽三個人一起召開零用錢會議。
在此宣布我的零用錢會議正式開始。
那現在就來確認一下小金一週會把錢花費在哪些東西上面。
好的！
零用錢預算表
「想要的東西」的錢
↓一週
用來買「想要的東西」的錢
1
2
3
4
5
6
元
元
元
元
元
元
元
用來買「必需品」的錢
1
2
會固定拿零用錢的人
把目前會花的錢一一寫在紙上。除了零用錢之外，如果有其他爲你花的錢也要寫出來喔！
小金屬於這一邊！
還沒有固定拿零用錢的人
請爸爸和媽媽告訴你爲你花了哪些錢，並一一寫在紙上。

也要思考一下花這些錢的原因，然後進行分類。
零用錢預算表
什麼意思？
就是花錢的目的啊！
小金，你昨天不是買了筆記本嗎？那要做什麼用的？
在學校上課時要用的。
沒錯，那是爲了學習而花的錢。也就是說，是屬於「必需品」的錢。
舉例：
用來購買「必需品」的錢
・筆記本
・鉛筆
・橡皮擦
等等
對我來說，漫畫也是必需品，但應該不算是爲了學習吧？
沒錯，這種爲了享受樂趣而花的錢，就把它們分類到用來買「想要的東西」的錢。
舉例：
用來買「想要的東西」的錢
・果汁
・零食
・玩具
等等

做好分類，一一寫出來之後，就把金額全部加起來看看。
50
70
120
+140
這就是我一週會花掉的錢啊！
へ——!!
可是以後我也想用零用錢來買新遊戲耶……
該怎麼辦才好呢？
爸爸和媽媽不可能一次給你那麼大一筆錢。
所以呢，你可以從現在開始儲蓄喔！
儲蓄
……嗯！
我要試試看！
那這樣，我就在這裡加一項「用來儲蓄的錢」！
搞定！
這樣就算出一週的零用錢金額了！
好了，接下來呢……

2 談判
和爸爸媽媽進行談判

拿著算出來的零用錢金額和爸爸媽媽進行談判吧！
GO！
緊張
小金，你游泳完一定要買飲料喝嗎？
咦？
40元
游泳完之後的飲料錢
但回家時跟朋友一邊喝飲料，
一邊等公車的時候很開心，所以是必要的。
這樣啊！
好吧！那就保留飲料的錢。
嗯。
爸爸和媽媽接受我的要求了……原來談判就是這麼回事啊！
我好像大人喔！太酷了！

這個是必要的嗎？
那這個呢？
記得要好好聽對方怎麼說，互相溝通喔！
可以了！
不錯呢！
嗯！
我的零用錢金額訂出來了！
有沒有訂出大家都能夠接受的合適金額了呢？
用來儲蓄
零用錢的

3 預算
編排預算後再使用零用錢

如果買了一大堆零食或漫畫，下次要游泳的時候還去得了嗎？
錢足夠買游完泳的飲料嗎？
萬一鉛筆用完了怎麼辦？沒錢買耶！
咄咄逼人
慌張……
已經不能再拜託爸爸或媽媽買給你喔！
呃……
我差點忘了。
錢這種東西很容易就會不小心花光的。
還有，也常常會花錯錢。
要小心才行啊！
是喔……
怎麼辦？我會不會也那樣？

放心！
為了避免變成那樣，
我們來編列預算吧！
什麼是編列預算？
自己安排要怎麼使用零用錢的計畫，
就叫作編排預算。
游泳時的交通費
飲料
零用錢
筆記本
漫畫
這樣啊～
我來試試看！
呃……
這些是「用來買必需品的錢」。
鏗鏘
這些錢要留著買漫畫。
鏗鏘
嗯？
鏗鏘
不對！
鏗鏘
啊～
我搞不清楚了啦！

可以把透明容器拿來當成零用錢的「金庫」，這樣只要用肉眼看，就可以管理預算喔！
眞的耶！
分得很清楚！
必需品
想要的東西
短期儲蓄
長期儲蓄
咦？怎麼有兩個儲蓄的金庫？
●漫畫月刊
●家人或朋友的生日禮物
●捐獻
等等
像這樣區分開來，不是比較方便嗎？
●遊戲軟體等
●昂貴的物品
緊急狀況時
等等
長期儲蓄
短期儲蓄
對耶！
小金，這是屬於你的零用錢，你可以自己決定要花多少錢買什麼東西。
嗯！我會好好管理，然後存很多很多錢！

4 工作 負責「家庭工作」

既然已經決定好零用錢的金額了，
接下來就來決定小金要做什麼「家庭工作」。
好的。
零用錢程式的重點之一就在這裡！
不是要決定做什麼「家事」，而是「家庭工作」喔！
你要做什麼工作？一週做幾次呢？
這裡有工作清單，你可以看一下。
嗯……
媽媽，妳一週洗幾次衣服？
幾乎每天都會洗喔！
每天!?
我想要選摺衣服的工作。
但是，我應該沒辦法每天都做。
我還要去游泳，也開始參加足球隊……
怎麼辦呢？

我知道了！
可以一週摺三次衣服嗎？
有辦法做到那麼多次嗎？
嗯！
好啊！那就拜託你囉！
對了！
你現在不是每天都會餵小龜吃東西嗎？
寵物小龜
嗯！
我最喜歡小龜了！我要負責餵牠吃東西。
這樣的話，這份工作也正式交給你喔！
沒問題！
還有什麼工作呢？
我好強喔！
我自己工作賺零用錢！
跟大人一樣耶！

5 責任

盡到身爲家庭一員的責任

所以呢！
小孩也要做家庭裡的工作，來盡責任。
責任
責任
嗯！
家庭工作
零用錢
這樣聽得懂嗎？
責任……？
如果你沒有負起責任做那份工作，就會變成沒有人去做那份工作。
洗好的衣服堆積如山！
你工作了嗎？
不需要爸爸和媽媽催促就會主動做好工作，也是一種責任喔！
雙眼發亮
我懂了！如果想要跟別人拿錢，責任就會跟著到來。
沒錯！是不是感覺更像大人了啊？加油！

6 獎金

靠獎金賺到更多零用錢

7
合約
白紙黑字寫下
約定事項
已經決定好所有
必須決定的事情了。
現在來
簽合約吧！
攤開
零用錢合約書
像房子或車子
都是金額非常大
的東西，大人購買
這些東西時，
都會簽訂合約書，
做出更慎重的
約定喔！
所以，
我們也要把
在零用錢會議上
決定好的事情，
寫在紙上做約定。
零用錢合約書
1
2
3
4
1
2
年 月 日
簽章
年 月 日

目不轉睛
嗯！不錯呢！
是啊！
爸爸和媽媽在紙上簽名後，就代表已經做出要給零用錢的約定。
簽章
萬歲！
刷
刷
接下來換你了小金！
要仔細確認內容喔！
你確定可以做好家庭工作嗎？
你要主動做，不能等爸爸和媽媽催你喔！
目不轉睛

沒問題！我做得到！
母親姓名 小塚井 正子
小孩姓名 小塚井
刷 刷 …
好了，我們已經在紙上簽訂零用錢和家庭工作的合約了。
零用錢合約書
這上面的工作交給小金負責後，媽媽就有時間做其他家事或安排未來的行程。這樣媽媽會輕鬆很多！拜託你了喔！
好！
我要像大人一樣好好遵守約定！
沒錯！我要好好努力！

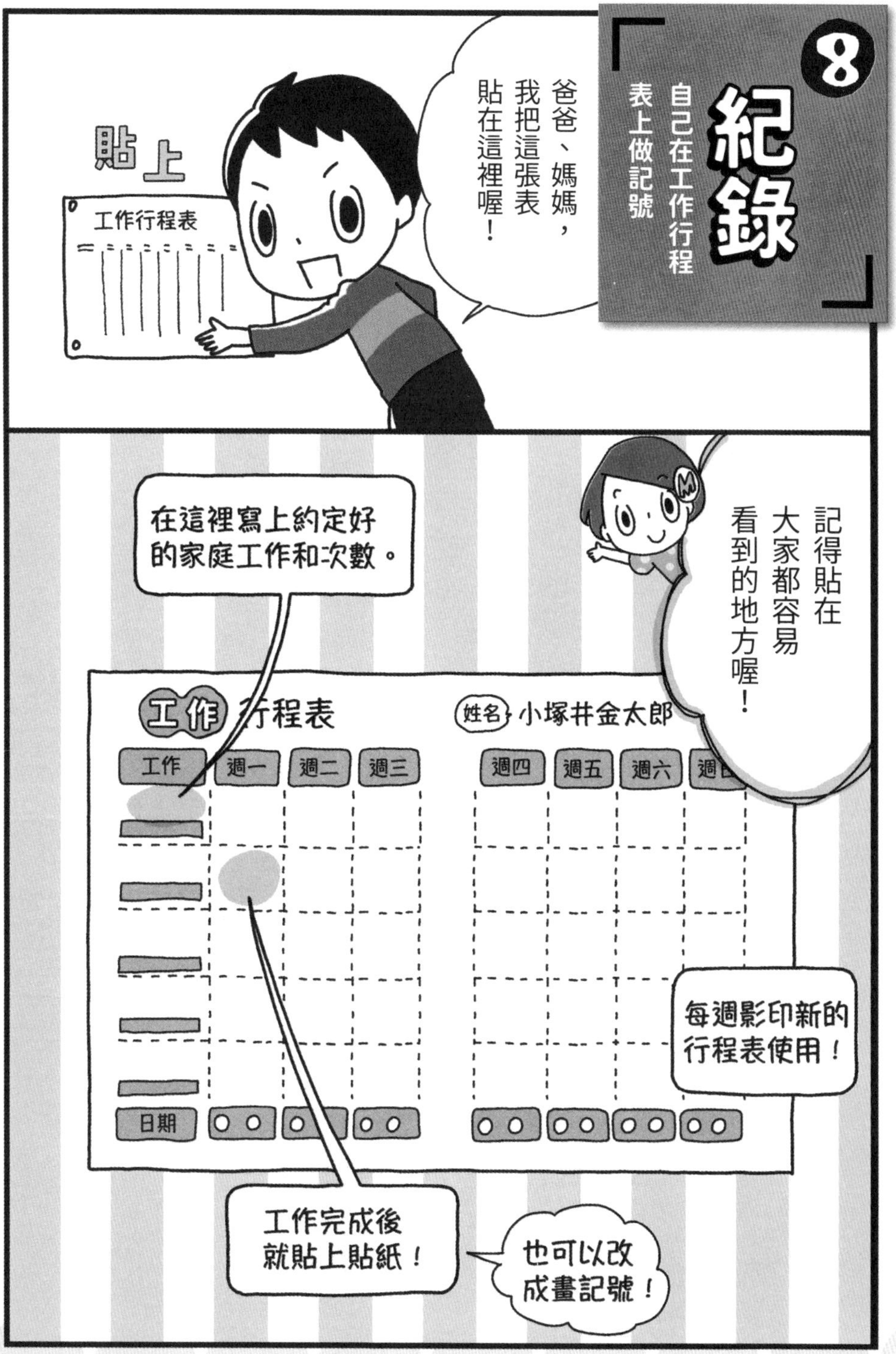
8
紀錄
自己在工作行程表上做記號
貼上
工作行程表
爸爸、媽媽，我把這張表貼在這裡喔！
記得貼在大家都容易看到的地方喔！
在這裡寫上約定好的家庭工作和次數。
工作行程表
姓名 小塚井金太郎
工作 週一 週二 週三 週四 週五 週六
日期
每週影印新的行程表使用！
工作完成後就貼上貼紙！
也可以改成畫記號！

搞定！完成工作了！
可以自己決定什麼時候要做工作。
很酷嘛！
貼上
這貼紙證明你已經盡到了責任。
得意洋洋
喲？
喔？
每個人都看得到行程表，所以爸爸或媽媽不會來問你工作了沒有。
你有做工作嗎？
有啊！
也不會發生這樣的狀況。

幾週後
今天是拿零用錢的日子。
可是我有幾天沒有做工作，搞不好會拿不到零用錢。
那幾天練足球，所以太晚到家……
小金！
工作行程表
來，給你這週的零用錢。
咦？
跟平常一樣拿到零用錢了……
喔喔，謝謝。
搞不好少做一點工作也不會怎麼樣……
小金！
你別以爲老是忘了要工作，或總是被問工作了沒，還有可能拿到零用錢啊！
心虛

爸爸和媽媽也都是每天努力工作，才賺得到那些錢。
超市
而且，如果你沒有對家庭工作負起責任，
爸爸和媽媽就會覺得你肯定也不會對金錢負起責任。
はっ
到了那時候，
也只能暫停零用錢程式了。
那不就表示又要回到以前的日子？
媽媽是超級美女！
我不想那樣！
搖頭搖頭
我要好好振作！
爲了繼續執行零用錢程式，我一定要好好負起責任！
捏

9
重新談判
再次召開會議
堆積如山！
好累喔……
最近足球隊的練習時間變長了，都沒什麼時間做家庭工作……
因爲我老是沒有摺衣服，所以媽媽也開始不耐煩了。
最近這幾天，媽媽不知道問過我幾遍「你摺衣服了沒有？」
我已經盡力了，但就是很難完成家庭工作！
到底該怎麼辦才好？
有了！

拜託請讓我重新談判！
遇到這種狀況時，就拜託爸爸、媽媽再開一次會議。
怎麼了？
最近我沒有多餘的時間做家庭工作……
足球隊換了教練，練習時間變長了，所以我都沒什麼時間工作！
嗯嗯 沒錯
記得要確實說明爲什麼沒辦法遵守約定。

如果覺得「零用錢不夠用」，就需要針對金額重新談判。
像是升上更高年級的時候、想要自己買衣服的時候，或是想要學新的運動等等。
我想到了！我想買新上市的玩具。也針對這件事重新談判好了。
那是非買不可的東西嗎？
不可以只是因爲自己想買喔！
這樣對爸爸和媽媽太不公平了。
這樣啊。
遇到這種狀況時，就要編排預算，然後開始存錢。
長期儲蓄
重新談判之後，也重新安排工作了，我要再來好好努力了！
加油！

10
約定
遵守約定最重要
我回來了！小錢，妳知道嗎？
我同學明明跟我約定好要來踢球，結果沒有來！
我不想再跟那個同學約定事情了！
這已經是第二次了！
沒錯，如果不遵守約定，就會失去信賴。
零用錢的合約也是一樣的道理。如果不遵守和爸爸、媽媽的約定，就會失去他們的信賴。
我才不要那樣呢！
遵守約定最重要！
趕快去做今天的工作！
這是專門爲聰明小朋友所設計的零用錢程式喔！
記得要好好執行，當一個好幫手喔！

給打算執行
「零用錢程式」
的孩子們

順利執行 零用錢程式的提示

● 把用來買不同東西的錢分類後，一項項列出來編排預算。

● 最好每天記錄自己花了多少錢，如果無法每天做，至少也要偶爾記錄一下喔！

● 即使父母沒有提醒，也要主動留一些錢拿來儲蓄。

● 不要跟其他小朋友比較誰的零用錢比較多，每個家庭各自有不同的預算，所以大家都必須在預算範圍內安排零用錢。

● 打算買禮物送朋友時，可以考慮購買那位朋友會喜歡的東西。不過，原則是不可以超出預算喔！記得千萬不要逞強！

● 除非遇到緊急狀況，否則不可以預支零用錢。

● 如果跟別人借錢，一定要盡快還錢。

● 想要存錢買比較昂貴的東西時，就把要存下來的錢和會花掉的錢分開放。

● 存下來的錢累積到可觀的金額時，就去銀行辦自己的帳戶把錢存進去。

● 要好好享受「零用錢程式」的樂趣喔！

你現在正在利用零用錢學習人生中最重要的事情，讓自己以充滿自信和自豪的態度，執行零用錢程式吧！

利用四個透明金庫

學習有技巧的管理零用錢

零用錢要收在哪裡好呢？有個好方法可以讓「想要的東西品」和「儲蓄」的錢，不會亂七八糟的混在一起。只要利用這個方法，一眼就可以清楚看到自己目前有多少種類的錢，如此一來，預算管理也會變得更簡單。

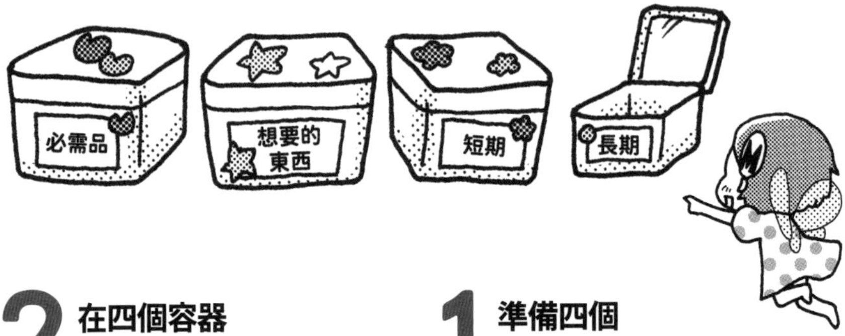

1 準備四個有蓋子的透明容器

雖說是金庫，但這是小朋友專用的自製金庫。重點在於，必須是透明的，還要有可以輕易開關、不容易脫落的蓋子。舉例來說，可以利用果醬、調味料、義大利麵醬的空瓶子，或是在39元店買透明塑膠盒等等。容器大小不統一也沒關係喔！

2 在四個容器貼上標籤

1 **想要的東西**（用來買想要的東西的錢）

2 **必需品**（用來買必需品的錢）

3 **短期儲蓄**

4 **長期儲蓄**

如果沒有標籤貼紙，也可以用油性筆直接寫在容器上。

3 拿到零用錢之後，記得把錢分類好，再放入四個容器裡喔！

用來買想要的東西的錢

這些錢是用來買你現在想要的東西。你可以用來買零食或扭蛋，這個容器裡的錢隨你使用，花光了也沒關係。不過，如果不到一個禮拜就把錢花完，在下次領零用錢之前，容器都會一直是空的喔！還有，當然也可以不要花這個容器裡的錢，累積起來買貴一點的東西。

用來買必需品的錢

這些錢除了用來買筆記本等文具用品之外，也會用來買其他必需品，所以不能把錢花光。如果這個容器變得空空的，萬一學校要用的筆記本寫完了，該怎麼辦？這樣會很傷腦筋吧？所以，記得要把錢保留到需要使用的時候。

短期儲蓄

舉例來說，如果事先知道是每個月或每幾個月絕對要買的東西，就每週存一些些零用錢。存下來的錢可以用在家人或朋友的生日；母親節、父親節或重陽節時的禮物；還有用來回饋社會的錢、捐獻、買愛心商品的錢等等，都可以存在這個容器。也可以另外準備一個金庫，專門放這些爲了回饋社會要使用的錢。

長期儲蓄

如果有很想擁有，但光靠零用錢沒辦法很快就買到的昂貴物品，像是遊戲軟體或大型玩具等等，就可以花點時間把錢存在這個容器。當然，就算現在沒什麼想法，未來也可能會想買昂貴的東西，所以先把錢存起來是必要的。這個金庫通常只會放錢進去，不會隨便使用。

這四個金庫是只屬於你的銀行。
有這四個金庫，就不必擔心不小心花掉需要使用的錢。
好好利用金庫，學會管理預算吧！

工作清單

家庭工作

- [ ] 把鞋子排列整齊
- [ ] **拿信箱報紙**
- [ ] **拿信箱郵件**
- [ ] **清空垃圾桶**
- [ ] **倒垃圾**
- [ ] 開關窗戶
- [ ] 用除塵紙拖把拖地
- [ ] 用抹布擦地板
- [ ] 掃地

工作清單是在開會時，讓親子方便找出孩子可以承接哪些「家庭工作」的清單。
孩子可以從清單尋找自己要承接哪些工作。爸爸和媽媽可以參考清單，思考一下希望孩子做什麼樣的「家庭工作」。
清單之外的工作當然也可以做，不過，相信這份工作清單一定可以幫助大家找到工作。

給爸爸、媽媽的話

這裡列出的「家庭工作」，主要是孩子較容易自力自主持續進行的工作。清單把小小孩也做得到的單純作業，由上至下依序排列。以粗體標示的工作尤其適合小孩，特別推薦給爸爸媽媽們。

※請自行影印使用

廚房

- [ ] 飯後收拾碗盤
- [ ] 擺放餐具
- [ ] 洗碗盤
- [ ] 把碗盤整齊放進洗碗機
- [ ] 把洗乾淨的碗盤擦乾
- [ ] 把擦乾的碗盤放回原位
- [ ] 把洗碗機裡的碗盤收進櫥櫃

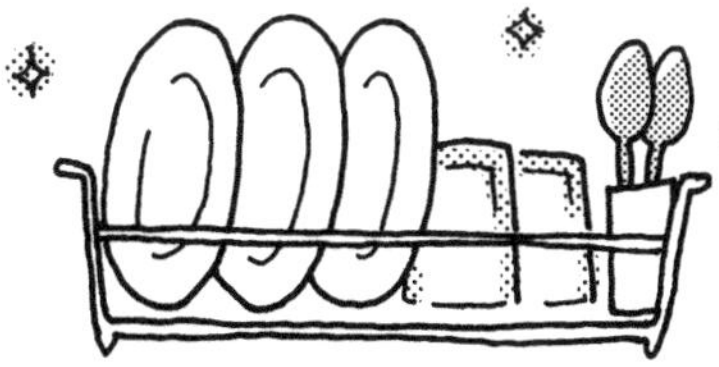

- [ ] 用吸塵器打掃
- [ ] 擦鏡子
- [ ] 擦窗戶
- [ ] 擦櫃子等家具
- [ ] 照顧弟弟和妹妹

備料

- [ ] 洗米、設定電鍋
- [ ] 幫忙煮飯
- [ ] 整理廚餘

寵物

- [ ] 餵食寵物
- [ ] 帶寵物去散步
- [ ] 清理籠子和飼料盆

浴廁洗臉臺

- [ ] 刷浴缸
- [ ] 刷洗臉臺
- [ ] 刷馬桶
- [ ] 清洗地板和牆壁

MEMO

依家庭狀況不同，可以幫助到家人的工作也會不一樣，想必工作難易度也有所差異。請爸爸媽媽依自家和孩子的狀況斟酌考量。

※請自行影印使用

戶外的工作

- [ ] 幫植物澆水
- [ ] 清理玄關
- [ ] 清理陽台
- [ ] 掃落葉
- [ ] 清理車庫

洗衣服

- [ ] 把摺好的衣服放到各個房間
- [ ] 摺衣服
- [ ] 收衣服
- [ ] 晒衣服
- [ ] 把髒衣物和洗衣精放進洗衣機，並啟動洗衣機

零用錢預算表

用來買「想要的東西」的錢	⬇一週所需金額
1	元
2	元
3	元
4	元
5	元
6	元
用來買「想要的東西」的錢(合計)	元 A

用來買「必需品」的錢	⬇一週所需金額
1	元
2	元
3	元
用來買「必需品」的錢(合計)	元 B

用來儲蓄的錢		⬇一週所需金額
一個月內會花掉的短期儲蓄	1	元
	2	元
	3	元
捐獻	4	元
較長期的儲蓄	5	元
	6	元
	7	元
用來儲蓄的錢(合計)		元 C

零用錢金額 A + B + C = 元

※請自行影印使用

零用錢合約書

我＿＿＿＿＿＿(父親姓名)＿＿＿＿＿＿(母親姓名)

願意秉持誠信，每週支付＿＿＿＿元的零用錢給＿＿＿＿＿＿(小孩姓名)。

支付日期爲每週＿＿＿＿或每月＿＿＿＿日。

除了這張合約書上約定好的家庭工作之外，＿＿＿＿＿＿(小孩姓名)

也可以透過完成事先決定好的額外工作領取獎金。

不過，獎金最多不可以超過＿＿＿＿元。獎金與零用錢相同，以每週或每月計算並支付。

發生任何狀況時，不只有我本人，也會請全家人一起想辦法，並且承諾將會以負責公平的態度處理問題。

身爲家庭的一員，我＿＿＿＿＿＿(小孩姓名)願意秉持誠信，每週做好下列家庭工作。不需要父母一一叮嚀，我也會主動確實完成這份工作。

當我達成約定好的家庭工作之外的額外工作時，可以領取到獎金。

1＿＿＿＿＿＿　　2＿＿＿＿＿＿

3＿＿＿＿＿＿　　4＿＿＿＿＿＿

額外工作

1＿＿＿＿＿＿　　2＿＿＿＿＿＿

爲了不辜負家人的期待，我會盡全力確實做好這些工作。萬一有狀況，我會自我檢討，同時也會請家人一起想辦法，並且承諾將以公平且合理的方式處理問題。

合約同意日　　　　重簽合約日(必要時)

年　月　日　　　　年　月　日

簽章

父母姓名＿＿＿＿＿＿○

父母姓名＿＿＿＿＿＿○　　小孩姓名＿＿＿＿＿＿○

※請自行影印使用

姓名

零用錢支付日
每月　　日
每週

零用錢金額
元

週四	週五	週六	週日
月　日	月　日	月　日	月　日

※請自行影印使用

工作行程表

工作	週一	週二	週三
次 備註			
次 備註			
次 備註			
次 備註			
次 備註			
日期	月 日	月 日	月 日

五～六歲是開始給零用錢的最佳年齡！

本書的監修西村隆男老師建議，給孩子零用錢的最佳年齡是五歲到六歲的那一年。照西村老師所說：「這麼說雖然有點像在要求孩子學習，但如果從五～六歲開始給孩子零用錢，對於未來銜接小學也會有所幫助。」

的確，透過自己管理金錢，孩子可以學習數學，也有可能提升孩子對文字的興趣。還有一點，幼兒期的孩子最喜歡幫忙了，如果把家裡的事交給孩子負責，他們肯定會相當有成就感。

讓孩子幫忙，其實父母也必須付出相同的時間和精力，因此也會有父母覺得自己動手做比較快，不太願意讓孩子幫忙。不過，如果沒有在孩子還幫不了什麼忙的階段就讓孩子幫忙，等孩子成長到有幫忙能力的階段時，就會變得不太願意做事。身爲家庭成員之一，理所當然要做「家庭工作」，爲了讓孩子理解這個道理，還是應該從幼兒期開始教育比較好。

另外，我之所以認爲五～六歲爲最佳年齡，是因爲孩子在就讀小學之前，與父母一起行動的機會多上許多。這個年紀的孩子最適合讓他們實際使用金錢，而不是電子錢包，「讓孩子在認識虛擬金錢前，盡可能累積更多眞實金錢的體驗」，你不覺得「零用錢」正好也是一個好處多多的工具嗎？

不過，我家是在孩子大概小學二年級或三年級時，才開始執行零用錢制度。這樣是不是太慢執行了呢？其實不然（再說，當時也還沒有兒童專用的電子錢包），反而應該說，因爲孩子的理解力、自主性和能力都已提升，所以能順利導入零用錢制度。不僅如此，還附帶了很棒的效果——之前總會買太多玩具給孩子，但執行零用錢制度後，孩子完全不再會吵著要買玩具。所以，像我一樣忙碌的父母，或許晚點執行零用錢制度會比較輕鬆，就像學游泳，有時讓孩子趁小就開始學，卻遲遲無法進步；反而上了小學才開始學游泳的孩子，卻能進步神速。這麼一想，不禁覺得有些方面，還是要等孩子成熟點再實行會比較好。

相反地，還不到五歲的小小孩就不適合給零用錢嗎？沒有那回事。目前已停刊的雜誌《Como》曾舉辦讓讀者朋友體驗零用錢制度的活動，當時年紀最小的參加者只有三歲呢！另外也有多位四歲的孩子參加。不到五歲的小小孩如果有哥哥或姊姊，執行起來肯定比較容易，如果是獨生子女，只要父母不嫌麻煩，照樣可以執行。

總結來說，五～六歲是給零用錢的最佳年齡；在小學三年級前開始執行最爲理想。還有，只要有念頭，從三歲開始執行也不成問題。哪怕錯過最佳年齡才開始執行，也絕不會白費工夫。希望大家只要起了念頭，就立刻動手做，最慢還是希望可以在孩子就讀小學的期間就開始給零用錢。

第2章

小孩的金錢教育與零用錢

大學生和二十來歲的年輕人很容易捲入金錢糾紛，這是爲什麼呢？

「現在的小學生都沒有拿零用錢，基本上，孩子們連『花錢的機會』也沒有。畢竟在必要的時候，父母就會掏錢幫孩子買東西。對父母來說這樣輕鬆許多，不容易引起糾紛。在『無菌狀態』下成長的孩子，很可能在長大後碰到『更大規模的金錢糾紛』。舉例來說，孩子可能會捲入傳銷詐騙事件之類的糾紛中。以傳銷詐騙爲例，不只是自身成爲受害者，也有可能牽連他人成為受害者。孩子們可能在毫無危機意識之下，一腳踩進陷阱。」

這段話來自本書的監修，同時也是橫濱國立大學名譽教授的西村隆男老師，不過，這已經是十六年前的事了。二〇〇四年，以幼稚園媽媽為目標客群的雜誌《Como》（目前已停刊），在零用錢的相關報導中刊載了西村老師的這段話。西村老師接下來又說了這麼一段話：

「現在的年輕人是在富裕社會裡安穩長大的世代，他們既純真又直率，聽到『好康的事情』時，完全不會起疑心。可是這個社會有很多人把年輕人的純真看成肥羊，想要飽餐一頓。信用卡貸款、多胎貸款債務……二十多歲就宣告破產的案例只增不減。

我要說重點了，這群毫無戒心就掉進金錢陷阱的年輕人，就是『小時候沒有使用金錢』的世代。」

以消費者教育學和生活經濟學為專業領域的西村老師，就是這麼看待十六年前的大學生和二十來歲的年輕人。當時的社會，不給小學生零用錢是主流。原因就如老師所說：「父母幫孩子買東西比較輕鬆」。

發問時間到了，請問那時候還是小學生的孩子現在幾歲了？沒錯，當時的孩子已經二十三～二十八歲了，他們已經開始自立生活。當時還是小學生的孩子如今已成為社會人士，不知道狀況是否有所改變？我請教了西村老師。

「到現在還是有傳銷詐騙的案例，不過詐騙手法一直在改變。傳銷詐騙說來也有趣，一旦釀成了問題，就會平靜個三到五年，等大家不再那麼關注後，沒有被徹底消滅的餘黨就會故技重施。近來發生的傳銷詐騙事件，利用社群網站等媒體發出創業研討會邀請，並在結束後的交流會慫恿參加者購買昂貴的商品，受害者中也會看到不少年輕人。

有些瘋狂的詐騙是傳授如何在短時間內賺大錢的投資知識；也有新手法是短期打工的詐騙，可能會告訴你只要短短一週，就能賺到10萬日圓，在網路上看到徵人廣告後跑去看，才發現是要打詐騙電話或收錢（去高齡者住處收現金）。就年輕人容易被捲入金錢糾紛這點來說，還是跟當時一樣沒有改變。」

西村老師給了我這樣的答案後，繼續說：「現在因為《民法》修正，從二〇二二年四月開始（註1），法定成年將從二十歲下修到十八歲，滿十八歲後將不能再行使未成年者交易無效的權力。所謂未成年者交易無效，是指未成年人不慎簽訂合約時，只要提出父母並未同意的主張，就可以取消合約。但是年滿十八歲後就是成年人，無法行使這樣的權力。就詐騙受害的實際狀況來說，年滿二十歲立刻捲入消費者糾紛的案例層出不窮，因此，二十歲之前做好包括合約事宜在內的金錢教育，可說越來越重要。也因此，日本教育部實施的「新學習指導要領」（註2），才會要求小學五年級上家庭課（註3）時必須學習『合約事宜』。」

比起以前，年輕人面臨的狀況更加危險嚴峻，讓孩子具備合約相關知識及金錢教育已是當務之急。西村老師還提到另一個擔憂點，也就是年輕人對於自己持有貸款的事實毫無自覺。

「以前在大學教書時，我開過一堂所有科系都可以選修的『金融素養入門

註1：臺灣於二〇二〇年十二月二十五日通過《民法》修正案，將法定成年下修至十八歲，並訂於二〇二三年一月一日施行。

註2：「新學習指導要領」是日本教育部因應全球化與人工智慧技術等日新月異，針對小中高實施的課程改革。

註3：家庭課是日本的小學、中學及高中的科目之一，其目標在於教導學生日常生活所需的知識及技能，藉此理解家庭生活的意義，進而培養身為家庭成員應對家庭有所貢獻的態度。

課』。我在課堂上問學生目前有沒有貸款時，幾乎所有學生都回答沒有。我接著再問有沒有分期付款，學生也是回答沒有。可是九十九%的大學生都會使用智慧型手機，那其實都是分期付款購買，智慧型手機一臺要5～15萬日圓，選定手機型號後，接著是選擇各種月租方案，學生在當下往往輕易簽約。除非是支付現金購買，否則大部分都是刷信用卡，花上兩年的時間按月償還分期付款的費用。加上月租費，每個月大概只會被扣款1萬日圓，或許比較無感，但這完全是貸款行為。

還有，獎助學金也是具代表性的無自覺貸款，名義上是獎助學金，但近乎是借錢給學生的概念，說穿了就是一種貸款。如果獎助學金的金額較大，出社會後就必須負擔沉重的還款，所以還是希望學生們可以有計劃地借錢。」

這是一個便利的時代，若是缺乏知識，就會在不知不覺中貸款。因此，與金錢有關的知識，顯得越來越重要。

具備金錢計畫的美國大學生 V.S 過一天算一天的日本大學生

西村老師分享了一份有趣的資料。那份資料是VISA卡在二〇一二年以日美兩國大學生為對象，進行比較調查而得的「金融教育相關內容之日美大學生問卷調查結果」。調查內容是針對日美大學生的金錢意識，以及金錢行為的變化。調查對象是美國的常春藤盟校，以及日本全國共31所主要大學。

「問卷中有一題詢問大學生會依什麼規則儲蓄，有趣的是，兩國學生的答案差異很大。在美國方面，有五十六%的大學生回答『會依某個目的儲蓄』，而日本卻只有三十七%。相反的，日本有較多大學生回答『會把扣除各種花費後剩下的錢拿來儲蓄』，該比例甚至高達六十一%。此調查結果可解讀成，美國懂得為了未來進行金錢計劃，但日本的大學生沒什麼計劃性，屬於過一天算一天的類型。之所以會有這些差異，想必是因為美國在較早階段便開始累積與金錢有關的訓練，像是具實用性的金錢管理等等，相較之下，日本卻不太會做這方面的訓練，因此形成了落差。

就這點來看，也可看出日本真的有必要多重視金錢教育。

美國的實用金管理工具

看到美國使用「實用性金錢管理」或「金錢訓練」這些字眼，我的腦海率先浮現一本書，而這本書也是我在書中所介紹的「零用錢程式」的基礎。當時在西村老師的提議下，主婦之友社在二〇〇四年出版了《給孩子們的零用錢練習本》。這本書把為了實際執行美國的「零用錢系統」而必須有的重要工具，化為書本的形式呈現出來。這個工具不僅設計得十分完美，也是一個會讓孩子們覺得像在玩扮家家酒，感覺自己變成跟大人一樣而樂在其中的工具。

從前我還在《Como》的編輯部門時，「零用錢」是避不開的主題，對身為責任編輯的我來說，其實是個提不起勁的主題。

第一個原因是，對於金錢管理，我本身一點自信也沒有，所以我根本無法抓到答案的方向。

第二個原因是，在日本，零用錢制度似乎沒有實施得很順利。一牽扯到金錢，日本人總容易產生排斥心理。日本人普遍覺得開口閉口都是錢，並不是值得誇獎的行為。遇到「各付各的費用」的場面時，大家之所以會忌諱算錢算得太仔細，或許也是源自這樣的心態。就算沒有，至少也不會覺得那是很帥氣的行為吧？

或許就是因為這樣，當時我為了寫報導而努力找資料時，固然找到了一些理論方面的資料，但卻沒有已經具備完整系統、可以思考到每個家庭實際針對幼兒執行零用錢制度時會遇到的難題，提供讓人接受的具體答案，並且能夠具體說明該如何執行的人物。

以報導的內容來說，具體提出可供讀者親自實踐的「實用性」建議非常重要，所以那時讓我傷透了腦筋。

不過，這個美國來的工具可不同了。它讓零用錢持有明確目的，每一個環節也都有經過周詳考慮的具體方法可以佐證。

於是我們把這個工具化為書本出版，在那之後也在雜誌《Como》中多次做過介紹。另外，我們也嘗試以「零用錢大挑戰」為標題，邀請讀者在一定期間內（六週）利用這本書的系統實際給孩子零用錢並提交報告，再整理為報導內容。當然，我本身也改為利用這套系統給自己的孩子零用錢。

這本書的銷售創下佳績，也深受讀者好評。

「現在每次出門，孩子不會再吵著要買東買西了。」、「我家小孩以前什麼都想買，現在變得會自己認眞思考金錢的用途。」、「孩子現在知道每家店的價格有高有低，所以學會挑價格便宜一點的店家買東西。」、「孩子現在會斟酌多少錢算是便宜還是昂貴，變得會思考物品的價值了。」、「孩子很後悔自己沒有好好購物。」、「身為父母我一直很擔心讓孩子掌握金錢或自己去買東西，但現在知道如果不這麼做，孩子就無法得到學習。」

參加「零用錢大挑戰」的讀者回饋了很多切身感受到效果的聲音。

不過，很遺憾的，這本書畢竟是在十六年前出版的，所以不知何時就已經斷貨了。雖然現在只買得到二手書，但還是很希望有興趣的朋友可以買來閱讀看看！

現在正在育兒的你
正是無零用錢體驗的世代

發問時間又到了！我想問問為了給自己的孩子零用錢，而拿起本書的父母。

你該不會就是過去西村老師口中感嘆的「二〇〇四年的大學生或二十來歲的年輕人」吧？

你還是小學生的時候，是否不曾拿過零用錢呢？

升上國中開始拿固定金額的零用錢後，你有**好好運用零用錢**嗎？

你有沒有遇過西村老師**擔心的重大金錢糾紛**呢？

你現在的**生活開銷管理**做得好嗎？

我想應該有不少人在長大後突然必須開始管理金錢，因此吃了一些苦吧。如果你的金錢管理做得很好，請闔上本書沒關係。不過，如果沒有做得很好，希望你務必利用這套系統嘗試一下「零用錢」的挑戰。當然，做得很好的朋友也可以繼續閱讀，當你開始覺得這是一套可接受的系統時，也請務必嘗試看看！

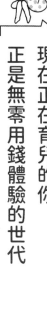

二〇〇八年的雷曼兄弟事件 讓全球意識到金錢教育的重要性

老實說，現在和二〇〇四年比起來，局勢大不同，因為二〇〇八年時發生了雷曼兄弟事件。

未來的日本，恐怕很難持續保有像父母小時候那樣的富裕生活。事實上，現在的經濟狀況比十六年前嚴峻好幾倍，正深陷在漫長的景氣低迷中。二〇二〇年的新冠肺炎疫情也使得經濟受到重創，不難預想到今後的狀況將變得更嚴峻。

西村老師也說了這麼一段話：「二〇〇七年夏天，美國發生次級貸款風暴，前總統布希呼籲政府應致力於推展金融教育。隔年一月，美國政府針對金融素養成立了總統經濟顧問委員會。此外，G20（指主要二十國的中央銀行總裁與財政部長會議）也因為雷曼兄弟事件，努力克服經濟危機，對金錢教育的需求一天天提升。二〇〇八年，在經濟合作暨發展組織（OECD）的主導下，建立了國際間的金融教育協作網（INFE），並且多次召開會議，討論如何擬定國家策略，強力推展早期金錢教育。為了應付新冠肺炎疫情，INFE也針對日常性的生活開銷管理方法，像是養成儲蓄習慣，才能在發生緊急事態時不會陷入生活貧困的窘境等等，積極討論如何使這些方法普及。

OECD主辦的國際學生能力評量計畫（PISA），經過二〇〇九年的預試後，分別在二〇一二年、二〇一五年和二〇一八年，針對金融素養進行相關施測。只是很可惜地，日本並沒有參加此活動。依二〇一八年的評量結果，北歐各國皆拿到了好成績，我想這應該是因爲北歐的孩子們從幼兒期開始，就會接受貼近生活的主體性金錢教育。」

沒想到金融素養竟是PISA也會測試的重要學習能力之一，看來，想要讓孩子未來能夠在國際上有活躍表現，金錢教育也是一個不可或缺的要素。

在這個越來越重視兒童金錢教育的時代，相信你也會想讓自己的孩子好好培養「金融素養」不是嗎？

為什麼「零用錢」有助於孩子的金錢教育？

——金錢管理和學習運動或才藝沒有差別，缺乏日積月累的練習，技巧就不會提升。

大家是否已經體會到金錢教育的重要性了呢？接下來想與大家聊聊，為什麼不是利用其他方法，而是選擇「零用錢」？

這是因為，與金錢打交道是一件非常困難的事。

孩子還小的時候，父母可以代為管控。在孩子滿十八歲之前，可以靠父母保護，避免孩子捲入金融糾紛。但是，如果孩子滿十八歲之後開始工作，或因為升學離開父母身邊，展開一個人的生活時，狀況會如何呢？突然被看作大人，而且必須對自己負全責，孩子應該會感到無所適從吧？本書首先就提到了年輕人會被捲入「大規模的金錢糾紛」，據說當中很多年輕人就是屬於這類孩子。

即便是金錢，同樣也要努力不懈的練習，並且經歷一些失敗經驗，否則怎麼可能立刻上手。

西村老師說過，年輕人之所以會捲入「大規模的金錢糾紛」，主要原因在於「訓練不足」。除了這點之外，我認為也有部分原因在於「離巢時期的危機」。

突然被看待成大人 可能會發生「跟不上現象」

在十八歲之前，一直理所當然地受父母萬般呵護，所以剛成為大人的十八到二十多歲時期，不僅還沒有什麼實力，也不會產生戒心。爲了能夠在社會上好好生存，並懂得保護自己，還是需要累積經驗，也必須具備足以應付社會的實力。獅子襲擊牛羚群時，都會先挑實力較弱的幼小牛羚下手。年輕人會被視為詐騙目標，也是同樣道理。如同學童升小一或升國一時會跟不上一樣，我認為這是十八歲時會出現的「跟不上現象」。小一的跟不上現象是因為比起幼兒園或托兒所，學校和老師以更成熟的標準看待孩子；國一的跟不上現象，也是因為學校比起小學，以更成熟的標準看待孩子，因此引發各種問題。孩子到了十八歲，就會被看待成真正的大人，面對這突如其來的變化，孩子想必會有更明顯的跟不上現象。

當自己的孩子成長到這個階段時，該怎樣才能夠得到保護呢？這就要看孩子是否在那之前就已經確實培養出「生存能力」。

「生存能力」的涵蓋範圍廣泛，能在無意識之中順利做到越多事情，就可以擁有越強大的「生存能力」。這部分或許就要看每個家庭在養育孩子的路上，是否確實幫助孩子學習「自立」。

沒有金錢，人們就無法生活，所以學會有技巧地與金錢打交道是一件非常重要的事。如果能好好與金錢打交道，自然也就能有技巧地與人生打交道，你說這重不重要？理財規劃師專門針對生活開銷、養老基金的觀念或生活規劃等各方面提供諮詢，採訪過這些專家後，會發現生活開銷的觀念中，有著不可動搖的規則。人們有可能在成年人時，就突然懂得遵守這個規則來管理生活開銷嗎？

答案當然是不可能！

這就是為什麼需要利用「零用錢」。人類天生就是要親身體驗過，才能習得技巧，進而加以應用或重現。

人們有必要從小就開始練習與金錢打交道的方法，學會如何有技巧的運用符合其年紀額度的金錢。

隨著年紀成長，額度也會增加。階段性配合調整，反覆練習，就是在最自然的狀態下，學會與金錢打交道的方法。練習時，必須擁有一定額度的金錢，讓孩子可以自由運用與自行判斷，才能產生效果。

就這點來說，給予適當金額的零用錢會是最有用的金錢教育工具。

抵達「育兒終點＝孩子的自立」之前父母應該教會孩子的事

所謂的育兒終點，我認爲是把孩子「養育到可以身爲社會的一員，展現自立且獨當一面的成人」。因此，父母在約莫二十年的漫長歲月裡，必須不時教導和關注孩子，讓孩子在日常生活中慢慢學習自力更生所需的知識與技巧。在那當中，學習如何與金錢打交道也是不可或缺的重要項目之一。

雖然「自立」這兩個字聽來熟悉，但或許大家心中並沒有十分具體的概念。在此我針對御茶之水女子大學教授，同時也是發展心理學家的菅原眞澄老師所傳授的四大指標，做了簡單整理。

① 經濟自立

有能力自己賺錢養活自己。

② 生活自立

有能力爲自己準備三餐、把房間整理得清潔舒適、穿著乾淨的服裝，以及時間管理。懂得如何利用大衆運輸前往目的地。

③ 心理自立

有能力自己決定自己的行動，並負起責任。

④ 市民自立

認知自己身爲國民，應該如何善盡責任，例如納稅、投票、參與公益活動等等。

如大家所知，第①點就是能夠自己賺錢過生活；第②點的生活自立同樣也是必須靠金錢來支撐；第③點所指的心理自立也是強調，如果在經濟上依賴他人，將難以做到心理上的自立；而第④點，身爲國民的自立意識，正是必須靠金錢教育才能培養出來的意識，看得出來每項自立都與金錢有著密不可分的關係。換言之，金錢教育等於奠定自立的基礎。

試著利用本書給孩子零用錢吧！

在日本，即使到現在，仍然鮮少有機會聽到「零用錢」有助於金錢教育的話題，大家並不了解「零用錢」其實可以有系統性的帶來幫助。

以我們家為例，零用錢制度進行得十分順利，執行結果讓我明白了一件事，我深信「在金錢教育、經驗累積，以及爲了自立而訓練家事技能上，零用錢是最有用也最合適的工具」。於是，我決定借助西村老師的力量，把長年實踐下來才總算得到的領悟，以我自己的方式寫出符合日本規格的「零用錢程式」，也就是本書。

相信你目前持有的選單裡，一定有著各種不同給孩子零用錢的方法，但如果當中沒有可以順利實踐的方法，要不要試著參考本書內容呢？只要能夠確實掌握到基本重點，再來就可以配合自家小孩的狀況做改變，慢慢加以改良。

利用零用錢讓自己的孩子成長為擅於與金錢打交道的人吧！這麼一來，等到孩子離家自立生活時，就不需要擔心孩子會不會管理金錢了！

現今的時代越來越多「看不見實體的金錢」，該怎麼讓孩子知道金錢有多重要，以及金錢的可怕？

西村老師！請幫幫忙！

孩子現今有可能遇到什麼樣的金錢糾紛？

藍

時代瞬息萬變，速度之快遠遠超出我們能理解的程度。怎麼說呢，資訊量實在多得驚人。憑人類的大腦，根本處理不完如此大量的資訊。這狀況不論對必須育兒的父母來說，還是對身爲當事人的孩子來說，都是非常辛苦的事。只要一個不小心，孩子就會毫無自覺地捲入金錢糾紛，金額還會大到讓父母嚇得說不出話來。

西村

以前國民生活中心舉辦過消費者教育的研習活動，那時我負責的研討會是要幫助民衆理解與立法有關的消費者教育促進法。當時，國民生活中心的諮詢專員告訴我，孩童因爲智慧型手機或網路而遇到糾紛的案例暴增。我來分享兩個案例給大家聽聽。

★案例一　就讀幼稚園的五歲男孩

A男孩平常會拿爸爸的智慧型手機玩遊戲。有一天，A男孩發現智慧型手機裡出現一個不是他平常玩的新遊戲，A男孩玩著新遊戲時，螢幕跳出必須取得道具的畫面，於是輕點了畫面。誰知道事後的某一天，爸爸竟接到請款金額高達32萬日圓的信用卡帳單，氣得火冒三丈。本以爲是免費的遊戲道具，結果是要收費的！可是，五歲的A男孩並沒有實際付錢，所以根本不知道發生什麼狀況。

★案例二　就讀小學的十歲女孩

電信公司寄來了電信付費金額超過10萬日圓上限的通知單。家人確認後，發現是就讀小學的女兒B女孩拿媽媽的智慧型手機玩線上遊戲。B女孩偷看到媽媽的手機密碼，於是自行輸入密碼並下載遊戲來玩，因此被收取費用。B女孩說她只是在玩遊戲，完全不知道自己付了錢。

以案例一的A男孩來說，應該是因爲爸爸的手機已經輸入過信用卡資訊，才會保有信用卡資訊，如果在商店跟人面對面買東西，小朋友不可能有機會使用父母的信用卡但現在有可能像這個案例，在不知情的狀況使用信用卡付錢，我兒子還小的時候，想都沒想過會有這種糾紛。看來有必要趁孩子還小的時候，就教育他們使用信用卡等於是借錢的觀念。

只要在智慧型手機輸入過信用卡卡號，那張卡會被保留一陣子，孩

子們也能自行購買遊戲道具。首先要做的是，明確讓孩子知道「使用信用卡和使用現金購物是相同的行為」，還有「只要有信用卡卡號就可以購物」。

我在這裡也介紹一下日本國民生活中心針對預防孩童遇到糾紛的問題，建議了哪些因應對策：

● 在家庭內建立網際網路的使用規則。
● 關注孩子使用網際網路的狀況，營造讓孩子願意分享事情的氛圍。
● 多加利用網路過濾機制，以及遊戲機等機器所搭載的家長監護功能。
● 掌握網際網路上的付款方式，尤其是信用卡資訊，更應當確實管理，務必確認付款明細。
● 萬一遇上糾紛，立刻帶著孩子一同前往離家最近的消費生活中心（註1）諮詢。

（註1：日本的消費生活中心相當於台灣的「消費者服務中心」，台灣的消費者服務專線為1950。）

怎麼做才能讓孩子擁有正確的金錢觀？

以前家長都很擔心如果讓孩子玩遊戲，孩子會混淆虛擬世界和眞實世界，尤其家長更是擔心暴力的部分。過去也曾掀起話題討論，如果家中的東西都電子化，可能會有越來越多孩子不知道眞正的「火」長什麼樣。到了現在，就連金錢也變得更不容易有眞實感。這時代，電子錢包相當普及，連大人也很難確切知道捷運票價，如果從小就習慣帶著悠遊卡出門的人就更不用說了，他們接觸金錢的機會肯定會大幅減少，這點實在令人掛心。

一點也沒錯。以前一打開錢包就會看到現金，所以掌握得到距離感，比方說如果發現去某地的車資高達五百日圓時，就會思考一下，然後跟自己說：「還是別去了！」可是，現在只要啟動自動加値的功能，就可以無限使用，對金錢失去眞實感，或者應該說會對使用金錢的行爲、物品的價値，以及金錢的重要性缺乏理解。孩子拿著要買的東西去到櫃檯後，只要拿出悠遊卡就可以購物。話雖如此，但也不是簡單一句「還是拿現金給孩子使用比較好」就能解決一切，難就難在這裡。畢竟如果利用電子錢包，就可以限制孩子的金錢額度，孩子自己出門時也可以比較放心。

西村老師！請幫幫忙！

以我們家的例子來說，孩子上了高中後，每次爲了買「必需品」而必須增加金額時，我都會讓孩子自己從零用錢預估所需金額，再儲值到PASMO（註2）的月票卡裡。

（註2：PASMO是由日本的PASMO公司所發行的鐵路、公車通用的交通智慧卡，亦具有電子錢包的功能。）

確實可以這麼做，中小學生也可以利用這個好方法。

如果是小學生，可以跟父母一起決定要從零用錢裡面拿多少金額儲值到電子錢包，以及那些金額的用途。還有，父母要跟著小孩一起去儲值。

最近東京似乎有滿多低年級的小學生會自己去補習班或才藝班上課，他們會拿家長給的電子錢包去自動販賣機買飲料，或買便利商店的零食分享給朋友吃，我常常聽到家長因爲孩子擅自使用電子錢包的問題而煩惱，對於這類問題，事先決定金額和用途應該也會是個好方法。

確實是，這麼一來，原則上也不會發生朋友之間的金錢借貸或濫用金錢的問題，除非孩子直接拿卡片給朋友。這時代眞的有必要做一些限制，才能讓孩子感受到金錢的重要性。

現在的生活變得方便，但相對地父母也必須花更多時間應付。

在未來，無現金化的腳步應該會越來越快。和無現金化的先進國家瑞典比起來，日本還算是相當落後。瑞典人就連孩子的零用錢也會利用電子錢包，只剩下高齡者才會使用現金。不過，我二〇一九年去瑞典時，一位銀行分行長告訴我，即使在無現金化的環境中，他還是刻意以現金給自己的孩子零用錢，好讓孩子培養出對金錢的眞實感。

也就是說，父母還是要多用心，才能讓孩子理解眞實的金錢價值。

在孩子幼兒期的時候，父母可以陪著孩子一起製作假硬幣或一起玩扮家家酒，扮演店員和客人。到了開始定期給零用錢時，當然要給現金。如果孩子是低年級的話，給硬幣會比較好。

第3章
「零用錢程式」的觀念

「零用錢程式」的特色

目的 讓孩子接受金錢教育

零用錢程式是爲了幫助孩子在未來長大成人、展開自立生活時，可以有能力自己管理生活開銷而設計，此程式可讓孩子練習使用並管理額度符合其年紀的金錢。

特色 1 由父母支付零用錢，讓孩子承接「家庭工作」。

父母是針對孩子負起身爲家庭一員的「責任」而支付零用錢，此責任即是孩子自己決定要承接什麼「家庭工作」，並確實達成工作。

特色 2 父母和小孩一起召開「零用錢會議」，在雙方皆同意之下，決定零用錢的金額及承接的「家庭工作」。

零用錢程式不是由父母決定後，單方面告知孩子的制度，而是提供親子間可以平等溝通的環境。召開零用錢會議不是爲了對孩子說教，父母請不要表現出不耐煩，而要以有耐心的包容態度參與會議。

特色 3 除了用來買孩子「想要的東西」的錢之外，零用錢還包含用來買「必需品」的錢、「儲蓄」的錢、「捐獻」的錢。

零用錢程式與傳統零用錢概念的最大不同點就在於這個特色，藉由把零用錢分成不同項目，讓孩子在無形中建立預算管理的意識。

特色 4 配合年紀慢慢增加可以自由掌控的零用錢金額。

配合年紀或狀況慢慢增加孩子可自由掌控的金額，進而讓孩子一步步朝向可以獨力管理金錢的目標靠近。

零用錢是「金錢教育」的最佳工具

「零用錢程式」是為了金錢教育而設計。

只要懂得善加運用，零用錢會是最具效果的金錢教育工具。藉由讓孩子從小日積月累接受訓練，並且配合年紀慢慢增加可運用的金額，不但能夠讓孩子自然而然學會適合自己且妥善的用錢方式，孩子長大後，也會培養出以金錢爲橋梁來關懷社會的愛心。

育兒的路上，有一個大家不能不知道的寶貴智慧，那就是「凡事都是小時候失敗，才比較容易挽回」。若是利用零用錢，就可以趁孩子還在「家庭」這個安全基地的日子，讓他們累積無數次的小小失敗經驗，甚至還可以把利用零用錢的目的，形容是為了「累積小小的失敗經驗」。

另外，如果少了樂趣，年紀較小的孩子往往難以投入其中。不過，本書的「零用錢程式」有許多可以讓孩子覺得自己像個大人而興奮的設計，孩子若能夠在家庭模擬體驗到大人社會的生活，肯定會樂於參與。大家可以想像成家裡有了一座「職業體驗樂園」。

不過，為了營造「職業體驗樂園」的氛圍，父母也必須下定決心「徹底執行零用錢程式」。如同經營「職業體驗樂園」的企業會負起責任做好工作，進而提供可以讓孩子樂在其中、覺得自己真的像在上班的體驗程式，希望父母也能負起責任提供零用錢程式給自己的孩子體驗。想讓零用錢程式成功，父母的積極參與是不可或缺的要素。零用錢程式是一種親子雙方都必須參與的程式。

金錢教育的目的在於「學習如何與金錢打交道」

雖然本書採用了「金錢教育」這個用語，但希望大家不要以「金融教育」定義這個用語。為什麼我要特別強調這點呢？原因是西村老師告訴我日本正慢慢準備把

「金錢教育」置換為「金融教育」。據說是日本的金融廣報中央委員會（註1），率先改以「金融教育」表達金錢教育。其背後原因是金錢教育的管教意味較濃厚，偏向以教育孩子如何生存為重心，相較之下，金融教育的用意在於喚醒民眾參與金融經濟社會的意識，進而積極做出政府所呼籲的儲蓄、投資或風險管理等行為。然而，我撰寫本書的用意是「為了讓孩子學會有技巧的與金錢打交道」，採用「金融」這個字眼來傳達我的用意似乎不太貼切。就在我陷入苦惱時——

「金錢素養已是世界的潮流，意思就是要趁著孩童時期就開始扎實地學習如何與金錢打交道。所以，還是採用金錢教育的說法會比較貼切吧！」

西村老師給了我這樣的建言，於是我決定採用「金錢教育」傳達自己想要表達的所有想法。

註1：金融廣報中央委員會是日本官民合作下所設立的組織，其設立目的在於以中立且公正的立場，推廣貼近日本國民生活的金融相關宣導活動。

再回到前面的話題，關於「金融教育」，金融廣報中央委員會的定義為「金融教育是幫助人民理解金錢和金融的各種功能，並藉由這些理解深入思考自己的生活及社會，進而培養出在精進自己的生存方式和價值觀之下，願意為了創造更加富足的生活、建立更加美好的社會，而自主採取行動的態度」。

內容這麼長一段，讀起來可能有點艱深難懂，簡單來說，就是教育孩子「好好認識金錢，並學會有技巧的與金錢打交道」。教育的目的當然不會是要低年級的小學生理解龐大的金融流向，而是配合孩子的年紀，讓他們擁有可以自由掌控的金錢，並且在深思熟慮用途後使用金錢，從有時成功、有時失敗的體驗之中學習。

西村老師也說：「重點是只要能夠配合成長階段，讓孩子慢慢理解人們在世上怎麼使用金錢，金錢又是如何在這世界流通就好了。」

也就是說，「零用錢的學習」正是理解社會架構及龐大金融流向的第一步。

透過「零用錢程式」可以如何讓孩子學習金錢教育？

前面提到一堆艱深的內容，但換個簡單的說法，其實就是以下內容：

透過「零用錢程式」可以讓孩子學習到什麼？

1 **人們必須工作才能賺取金錢**（世上沒有搖錢樹）。

2 **必須經過深思熟慮來決定金錢的用途**（必須具有計畫性）。

3 **世上沒有任何人可以想得到什麼就得到什麼**（必須懂得取捨、思考優先順序，在自己能接受的範圍內使用金錢）。

4 **金錢伴隨著責任**。

5 **有錢可以買到各式各樣的東西**。

6 **很容易就會不小心把錢花光，也常常花錯錢**。

7 **爲了未來著想，必須把持有的金錢拿出幾成的金額來儲蓄**。

8 **爲了地球的未來著想，必須關懷環境和社會的弱勢族群，並給予金錢支持**。

「零用錢程式」的四大特色

和大家過往對零用錢的印象相比，本書的「零用錢程式」或許有些不同。接下來就針對四大特色，進行更加詳細的解說。

特色1 由父母支付零用錢，讓孩子承接「家庭工作」

「天下沒有白吃的午餐」是我們家的家訓（笑）。

非常遺憾的，我屬於不工作就得不到收入的勞工階級，希望下輩子投胎時我可以當一個資產階級。關於我的話題就不多說了，說到我的孩子，我的孩子同樣也是必須工作才有飯吃的命運。

所以我一直很希望孩子在年紀還小時，就知道自己「長大成人後，必須工作賺錢」。我心想，如果年紀還小時能夠稍微認知到這個事實，或許有助於啟發孩子思考未來的職業。

我很喜歡「零用錢程式」的一點在於「為了得到零用錢而工作」。不過，以往我利用《給孩子們的零用錢練習本》開始給兒子零用錢時，最難建立的就是這個觀念。針對「責任」支付金錢是什麼意思？拿到跑腿費有什麼不同？完成任務時不是也可以拿到答謝金或報酬嗎？針對「責任」支付金錢跟大人的工作是一樣的嗎？

在第一章的漫畫裡，是以負起責任承接「家庭工作」而支付金錢的說法來向孩子們做說明，但換成從大人的角度來看時，可以整理出下列思維：

- 如同大人透過職業取得定期收入，對於「家庭工作」，孩子也必須依照約定好的頻率完成工作內容。
- 孩子身為家庭的一員，必須從家事中挑選自己的工作，以視為「家庭工作」。這對還不能打工的小小孩來說，可說是會讓他們興奮不已的模擬打工體驗。
- 針對孩子承接「家庭工作」之「責任」所支付的金錢，即是零用錢。既然願意承接「責任」，就代表「不會逃避工作」。孩子必須承諾不需要父母催促或抱怨，也會自動自發地積極執行工作，並負責完成部分「家庭工作」。

- 「家庭工作」的概念是把大人的職業降低一些難度來配合孩子，意思就是，「家庭工作」對於失敗的可容忍度會比大人的工作高上許多，也就是說，即使孩子沒有完成該週工作，還是會正常給零用錢一陣子。
- 除了孩子自己承接的「家庭工作」之外，父母如果有當天或當下希望孩子幫忙做的「小幫手工作」，可以視爲「家庭工作」以外的工作。孩子達成「小幫手工作」後，以「給予厚禮以表謝意」為理由支付「跑腿費」給孩子也沒什麼不妥。

小幫手工作與「家庭工作」的差異

「麻煩你今天把這些盤子洗乾淨，還要擦乾喔！」如果你是像這樣主動拜託孩子做事，那就屬於小幫手工作，如果那項工作是孩子承接的「家庭工作」，搞不好你根本不會催促，或者會改口說：「你洗好盤子了嗎？」、「你今天什麼時候要做？」還有，也想像得到孩子受到軟性催促時，不會惱羞成怒，而是會有些不好意思的說自己忘了做，然後趕緊著手去做。

「家庭工作」讓我兒子學習到了什麼？

培養兒子做家事的能力，好讓他在十八歲時就能夠「擁有實力且自立生活」，是我一直以來的想法，所以，「零用錢程式」正是我夢寐以求的理想工具。

然而日本的孩子，尤其是國高中時期的孩子不僅要忙學業，還要參加社團，所以實在無法強加太多「家庭工作」。因此，在我兒子高中畢業，滿十八歲時的當下，對於我期望的「擁有實力且自立生活」的目標，只能有八成左右的達成率，實在教人深感遺憾。因為這樣，兒子初上大學時的實力只達到「至少有一項家事可以輕輕鬆鬆就搞定」的程度。我讓兒子從小學就開始練習洗碗盤，他爲了排解洗碗盤的無趣，以自己的作風創造出連爸媽也學不來的「餐具堆疊美學」（畢竟他小時候是個樂高迷），絲毫不覺得洗碗盤是件苦差事。另一方面，上了大學後開始執行

「自己的衣服自己洗、自己晒」的工作，就反應大不同了。

「比起洗碗，晒衣服辛苦多了。」

這工作本身明明不會比洗碗盤來得辛苦，兒子卻會忍不住埋怨，也在長這麼大之後，才深刻體會到家事做得熟練有多麼可貴。

兒子之所以決定要做洗衣服這份工作，其實不是為了拿零用錢。因為他很希望未來能有機會去留學，所以我提出建議：「如果以後你想去留學，自己一個人過生活也要學會洗衣服才行。」就這樣，兒子開始洗起自己的衣服。不過，孩子之所以能夠毫無抗拒的認同父母的提議，無非是因爲雙方保有良好的溝通，我也感受到這良好溝通的基礎，是奠定在長年來共享零用錢程式而擁有一致的「價值觀」上。

一直以來，我在傳達「身為一個人（身為我們家的人），不工作就沒飯吃」，以及「比起做自己想做的事，應該更優先必須做的事」、「身為一個人，應該自己打理身邊的大小事」的觀念時，都是搭配「家庭工作」的責任來教育孩子。

多虧了「零用錢程式」，讓我在傳達這些觀念時更具說服力，相信我的孩子是在自然而然的狀態下，認同父母「人們本應工作、做家事才得以生存」的價值觀。

特色2

父母和小孩一起召開「零用錢會議」，在雙方皆同意之下，決定零用錢的金額及承接的「家庭工作」

不過是給個零用錢，沒想到最後還要簽合約，很美式作風吧！網路上找到很多這類的英文「零用錢合約書」。

我在兒子還是小學低年級時，第一次正式簽了親子合約。當時我覺得可以讓孩子像在玩扮家家酒一樣開心享受當大人的感覺很不錯，也覺得是個好機會，讓孩子學習到世上有一種約定叫作「合約」，而且比一般的約定更慎重。

到了二〇二〇年後，日本小學五年級開始在「家庭課」教導孩子何謂買賣合約。在這影響之下，國高中也開始安排各種合約的學習課程。對於合約，孩子難以有切身的感受，因此零用錢合約書將是讓孩子接觸「合約」的好機會，既然如此，何不藉著這個機會，好好教育孩子合約的重要性呢！

除此之外，希望父母也能好好理解合約的意義，確實負起責任與孩子做約定。

衷心希望父母也能夠抱定決心，徹底執行這個必須展現堅決毅力的零用錢程式。

特色3 除了用來買孩子「想要的東西」的錢之外，零用錢還包含用來買「必需品」的錢、「儲蓄」的錢、「捐獻」的錢

「零用錢程式」還有一個很大的特色，就是比過往更廣義看待「零用錢」。

在日本，似乎有很多人認為零用錢是「讓孩子可以自由運用來享受一些小樂趣的金錢」，但除此之外，這個程式包含了更多的定義。

除此之外，還多了：

❶用來買「想要的東西」的錢（=wants）
❷用來買「必需品」的錢（=needs）
（❶❷ =spend）

❸用來「儲蓄」的錢（=save）
（短期及長期儲蓄）

❹用來「捐獻」的錢（=share）

圖1 **傳統的零用錢定義與「零用錢程式」的差異**

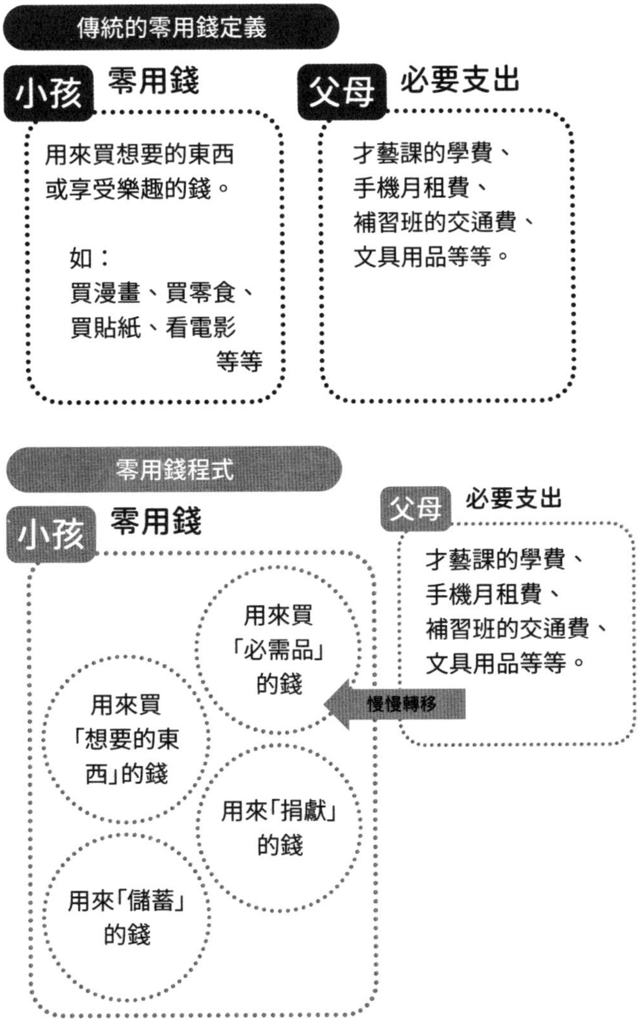
傳統的零用錢定義
小孩
零用錢
用來買想要的東西或享受樂趣的錢。
如：
買漫畫、買零食、
買貼紙、看電影
等等
父母
必要支出
才藝課的學費、
手機月租費、
補習班的交通費、
文具用品等等。
零用錢程式
小孩
零用錢
用來買「必需品」的錢
用來買「想要的東西」的錢
用來「捐獻」的錢
用來「儲蓄」的錢
慢慢轉移
父母
必要支出
才藝課的學費、
手機月租費、
補習班的交通費、
文具用品等等。

本書當初根據美國的工具書所設計，所以零用錢的設定也帶有美式作風，例如午餐費等本來屬於父母應負擔的必要支出也是零用錢。當時我不太能夠理解這樣的觀念，後來才察覺到，原因是出在日本所認知的零用錢，大多純粹是指滿足孩子自身樂趣而存在的錢。

為了讓零用錢成為有用的金錢教育工具，必須讓孩子可以自己運用及管理足夠金額的錢，雖然有別於日本的零用錢定義，但如果把必需品也交給孩子自己出錢買（如上頁圖1所示），在執行特色4的「配合年紀慢慢增加可以自由掌控的零用錢金額」上，也會變得比較容易。也就是說，這麼做能夠很自然地排除掉十八歲時會發生的「跟不上現象」。

培養具計劃性能力的「用來儲蓄的錢」，以及學習爲他人著想的「用來捐獻的錢」

提到成為基礎的「零用錢系統」，當中對於「用來儲蓄的錢」及「用來捐獻的錢」的概念設計實在值得讚賞。

「用來儲蓄的錢」是在事先決定零用錢的金額時，先想好儲蓄金額的比例，再把儲蓄金額加算在零用錢裡。前面提到的調查結果顯示出，美國大學生具備「計劃性」，其根基不正是來自這樣的做法嗎？藉由事先把儲蓄金額加進零用錢裡，而不是要孩子從「用來買想要的東西的錢」當中自己撥出錢來儲蓄的做法，讓小小孩也能夠在無特別意識之中完成儲蓄動作。

這麼一來，就會有明確的認知，孩子將能親身理解儲蓄行為不是「有能力的話」，而是「一定」要從收入中拿出固定比例的金額儲蓄。在那同時，也能讓孩子建立不是在「沒有花光錢」或「手頭比較寬鬆」時才要儲蓄，而是要「預先從收入撥出錢」來儲蓄的觀念。

根據理財規劃師畠中雅子老師的說法，無論處於人生哪個階段，如果是上班族，最少也要撥出生活開銷的十％儲蓄；如果是收入不固定的自營業者，就要撥出十五％儲蓄。儲蓄習慣的養成最終就是希望可以達到上述的目標。

至於「用來捐獻的錢」，我猜想應該是源自週日前往教會做禮拜時的捐獻習慣。如今，日本社會的宗教背景變得薄弱，或許沒有那麼多父母能夠做到針對「市民自立」的教育。包括我自己，當初在這方面也是沒什麼自信。然而，在思考到地球的未來時，除了加強「市民自立」的教育之外，讓孩子養成願意爲聯合國兒童基金會募款、救援受災地區，以及購買愛心商品等活動捐獻的習慣，將顯得重要。

特色 4 配合年紀慢慢增加 可以自由掌控的零用錢金額

這麼做的最終目標在於，當孩子年滿十八歲，離開家庭獨立生活時，可以把餐費、水電費與房租等開銷，很自然地算進自己一路以來負責管理的零用錢裡。為了避免這時因爲金額忽然爆增而不知道該怎麼管理金錢，預先讓孩子在高中畢業之前學會自己做到某程度的金錢管理會比較好。另外，有些孩子也有可能在十八歲就結婚，而必須管理生活開銷，遇到這種狀況時，如果是從小就一直執行零用錢程式的孩子，相信管理起生活開銷將會更加順利。

如果要問零用錢的最大特色，同時也是零用錢程式的關鍵部分是什麼？答案是用來買「必需品」的錢（=needs）。這部分是孩子本來就會有的必要支出，也是父母應該負擔的支出，孩子年紀還小時，這部分會是筆記本或鉛筆等在學校會使用到的文具類費用；年紀再大一點時，會變成上才藝課或去補習班的交通費和點心費；年紀更大一點時，就會變成為了參加社團活動到外地比賽時的費用和點心、午餐費等等。孩子的年紀越大，在家裡與父母共處的時間就會減少，所以上了大學後，午餐費也會成為必要支出，用來買「必需品」的錢指的就是這類費用。

如果是不管怎樣都必須由父母來負擔的費用，只會剩下一開始就先把費用交給孩子，還是父母每次出錢的差別而已。既然如此，不如配合孩子的年紀和其責任能力，以零用錢的形式事先交給孩子。

如下頁圖2所示，可以配合年齡的增長，讓孩子理解自己的生活有哪些開銷，並慢慢擴大可以自行決定用途的範圍，進而學會管理運用金錢，在這樣的訓練下，最終將能引導孩子學會自己管理所有生活開銷過日子。

當然了，用來買「想要的東西」的錢或用來「儲蓄」的錢等等，也都必須配合年紀依適當的比例增加金額。

實際持續給兒子零用錢直到他上大學後，我才發現孩子的必要支出會越來越多，那金額遠遠超出孩子小學時的想像。我也察覺到，把越來越多的錢一一事先交給孩子管理，會是讓一切順利運作的訣竅，我想這部分會是「零用錢程式」的另一個關鍵。

[圖2] 零用錢的額度增加圖

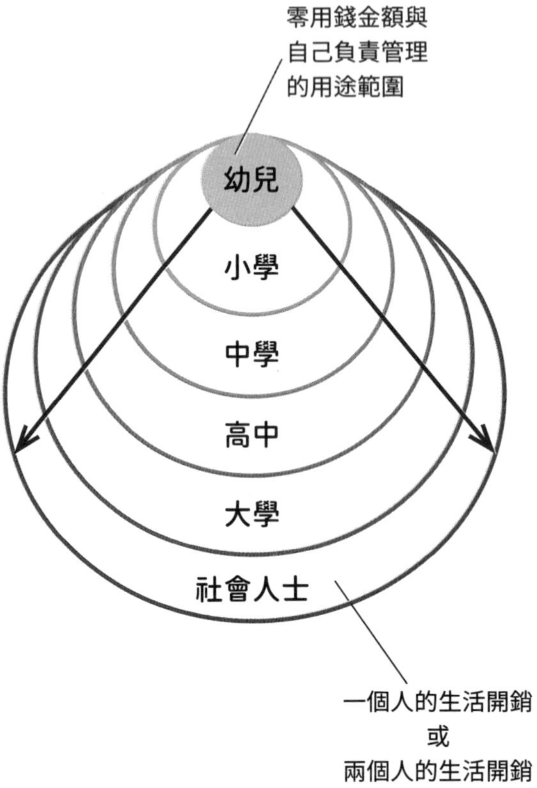

我提議的「零用錢程式」就如上圖所示，配合孩子的年齡或狀況，慢慢增加可以自由掌控的用途範圍及金額，一點一點地把金額拉高到接近可自立管理金錢的程度。藉由這樣的做法，就能盡量減輕第2章所提到的「跟不上現象」，無落差轉移到成人階段。

即使父母不擅長於理財，照樣能夠養育出具備金錢素養的孩子！

每次寫書，我總是在暴露自己有多丟臉，現在也是。我坦承自己完全不屬於具有金錢意識的人，以前我還是上班族、屬於雙薪家庭的時期，一方面因為生活忙碌，所以都是一堆糊塗帳。到了現在，才總算做到某程度的管理，這樣的成長或許是因為透過執行「零用錢程式」，讓我學習到了重要的觀念。

育兒的路上既困難又讓人感到遺憾的一點是，如果父母本身不具備某項能力，孩子就會難以擁有那項能力（如果孩子的才華遠遠高過父母，那當然就另當別論了），畢竟包括人類在內，動物基本上都是藉由「模仿」來學習一切。

不過，多虧邂逅了「零用錢程式」，我成功把父母所有缺乏的能力送給了自己的孩子！在那同時，身為父母的我們也成功改善了自身的金錢管理。相信閱讀後面的內容後，大家也會有所體會，只不過，在起步的階段，或許會覺得有些不太習慣就是了。

父母也必須做好心理準備，不過，其實也只是漫長日子裡的最初一小段期間會比較辛苦而已，請試著努力熬過最初的短短期間吧！在那之後，就會漸漸變得輕鬆，而且孩子一定會獲得成長，所以真的沒什麼好擔心的。我相信此刻花費的工夫絕對會化為未來的強大力量，所以由衷希望大家努力嘗試看看！

另外，本書所提議的「會議」模式及合約，其實也是親子溝通的理想模式。「零用錢程式」幫助我得到了超出預料的各種學習，請大家務必嘗試執行「零用錢程式」，同時好好享受與孩子的互動樂趣，我會如此大力推薦，是因為如今回顧起來，可以明確知道「零用錢程式」也是建立深厚的親子情感以及信賴關係的工具。

讓孩子養成捐獻(share)的習慣

零用錢包含了捐獻（share），是本書的特色之一。雖然捐獻的英語應該是donate，但這次在西村老師的提議下，是以share來表達捐獻，原因是如果採用share，可以把捐獻解讀成「互相分享」，使捐獻的含意更爲廣泛。share原本就帶有爲家人或朋友買禮物的含意，代表著那些錢不是爲了自己，而是爲了別人而使用。

「現在全球都朝向SDGs（指聯合國於二〇一五年所採納的永續發展目標，預計於二〇三〇年前達成）努力，捐獻行爲其實已經變得滿貼近我們的生活。不幸發生災害時，就會展開如『哆啦A夢募捐』等各種募款活動，希望孩子們可以學習到不是只爲了自己，而是也可以幫助他人和社會的金錢使用方式。」

西村老師也這麼說明了捐獻（share）的重要性，SDGs有十七項目標，其中第一項是消除貧窮，第二項是終止飢餓。

「如果只把焦點放在日本或許不容易發現，但如果放眼全世界，就會發現眞的有爲了貧窮和飢餓而受苦的人們，而且每天有多達兩萬五千人因此喪命。」

西村老師還說：「我自己在二〇一六年去馬達加斯加旅行時，也目睹了至今仍無法忘懷的嚴酷現實。我看見只有一半再多一點點的孩子有機會從小學畢業，沒機會上學的孩子到了十幾歲，就會因爲找不到工作而偷襲觀光客，也因此觀光客一定要在當地導遊的陪同下才能上街蹓躂。」

應該從零用錢撥出多少金額來捐獻（share）呢？本書的建議是整體零用錢的五%。以七歲的小孩來說，就可以每週儲蓄35日圓，每存滿一年就捐給募捐團體。孩子要捐獻時，父母也可以追加金額一起捐獻。西村老師推薦了聯合國兒童基金會和紅十字會等募捐團體，另外，西村老師也表示從廣義的角度來說，近來的雲端基金也可以視爲是捐獻的一種。

「我最近投資了以重建被燒毀的首里城爲目的的雲端基金，匯了5千日圓。

有些雲端基金會有收益，但這個基金不會有收益，聽說這個基金的總金額目前已經達到將近10億日圓，大大超出了目標金額。不過，現在網路上有太多雲端基金，很難區分好壞，所以切記要先調查清楚是什麼樣的團體，才可以避免投資給可疑對象。」

如果能夠在生活中親子一起捐獻或投資雲端基金的行動，相信就能讓孩子養成捐獻=share的習慣。

第4章

零用錢的給法 ❶

如何決定零用錢的金額多寡？

給零用錢的步驟

STEP 1 親子雙方皆必須確實理解「零用錢程式」

首先，請父母仔細閱讀這本書。閱讀後，如果父母覺得可以接受，並且想嘗試看看的話，再請孩子閱讀第 1 章的漫畫，如果你的孩子還小，建議陪著孩子一起閱讀。

STEP 2 召開零用錢「會議」

參加者
- ○ **家長**(最好父母都出席)
- ○ **領零用錢的孩子**(有兄弟姊妹者要分開單獨出席)

準備物品
- ○ **本書**
- ○ **一週的支出金額列表**(年紀較大的孩子要事前準備好)
- ○ **零用錢預算表**——事先列印一份 P.48 的表格
- ○ **零用錢合約書**——事先列印一份 P.49 的表格
- ○ **工作行程表**——事先列印一份 P.50 ～ P.51 的表格
- ○ **紙筆**

如果你的孩子也表示想要嘗試「零用錢程式」，就可以展開具體的流程了。安排好雙方可以充分互相溝通的充裕時間後，家長（最好是父母都出席）和領零用錢的孩子（有兄弟姊妹者要分開單獨出席）一起開會。

這個會議的目的在於決定零用錢的金額，以及孩子打算承接哪些「家庭工作」，另外，也要決定好獎金的金額及可以領獎金的「家庭工作」，親子雙方皆表示同意後，以神聖的態度簽訂合約書。在那之後，協助孩子一起製作「工作行程表」。

STEP 3 支付零用錢

父母必須在合約書上規定好的日子支付零用錢，可以的話，也請列出固定時間，照著時間支付會更好。因爲要讓孩子依各費用分開管理零用錢，記得平時就多存一些零錢，讓孩子拿到零用錢時可以分開運用。

執行「零用錢程式」時，最重要的一點莫過於「父母確實遵守約定」。這是一個可以讓孩子看見父母率先展現確實遵守約定的好機會，建議可以挑選週末等父母較不忙碌的假日上午支付零用錢。我當初是利用一個以人氣角色爲造型、原本裝著餅乾的含蓋罐子當存錢筒，並且刻意多保留一些零錢存進罐子裡，包括預先準備零錢在內，每次都爽快支付零用錢，也是「零用錢程式」的重要行動之一。

召開「零用錢會議」之前，父母應事先思考及掌握的事

重要前提

① 決定的金額 不能造成家計負擔

這是給零用錢時的重要前提，實際與孩子溝通之前，父母不妨先思考好預算範圍。可以計算一下目前實際會爲孩子花多少錢，或有時會給孩子多少零用錢，再以差不多一樣的金額來抓預算最爲適當。

② 年紀大一點的孩子 都會比年紀小的孩子需要更多錢

這是很正常的事情，實在沒有必要多說，但考量到父母有可能會不確定該怎麼決定兄弟姊妹的金額，所以還是提醒一下。意思就是，隨著孩子的成長，有必要慢慢增加零用錢的金額。

③ 設定對孩子來說 「剛剛好」的金額

所謂「剛剛好」的金額，是指孩子拿到該金額時，心裡會想：「可以領零用錢眞好～」不過，可千萬別以爲那會是買得起只有在生日或聖誕節時，父母才有可能買給孩子的昂貴玩具的金額。如果零用錢的金額過高，獎金就會缺乏吸引力；相反地，如果金額太少，扣除避免不了的必要支出後，剩下的錢也頂多只能買幾顆糖果，這樣想讓孩子持續積極參與「零用錢程式」，恐怕也難。在這兩者之間取得平衡來設定「剛剛好」的金額確實不容易，但卻十分重要，這點正是想成功執行「零用錢程式」時，不可或缺的條件。

該怎麼依孩子的年紀決定零用錢金額？
零用錢多寡的參考標準？

孩子的年齡×25元＝零用錢金額／週

以七歲的孩子爲例：

七歲×25元＝175元／一週

預算明細的參考標準：

	%	
①用來買「想要的東西」的錢	20%	35元
②用來買「必需品」的錢	40%	70元
③短期儲蓄	20%	35元
④長期儲蓄	15%	26元
⑤用來捐獻的錢	5%	9元
合計	100%	175元

本書對於各年級的年齡，是採用升上該年級的年齡，也就是說，如果是小學一年級的話，就會是七歲，假設七歲的孩子

※爲方便理解，此處金額以新臺幣表示。

每週領175元的零用錢，一個月就會有700元，看到這麼高的金額，你可能會感到驚訝吧！但是，千萬不要因爲這樣就喊暫停，而放棄執行零用錢程式！

一直以來，日本對零用錢的認知只限於用來買「想要的東西」的錢。如果從這個角度來看，一週的金額會是35元，一個月也不過是140元而已。這個金額與「金融廣報中央委員會」所調查的小學生零用錢平均金額其實沒有太大的差異。至於「必需品」，請放心，我會說明如何在該金額內滿足必需品的需求，對於孩子會固定購買漫畫月刊時，我會在後面詳加說明。

西村老師認爲開始執行「零用錢程式」的適齡期※爲五歲升上六歲的那一年，如果是年紀更小的孩子，或許可以從只給用來買「想要的東西」的錢開始做起。不管怎樣，一定要先清楚掌握自己的孩子做不做得到，再來決定要怎麼給零用錢。

在這裡提醒大家一點，參考標準純粹是參考值，依家庭狀況或孩子的嗜好、活動範圍不同，所需金額也會有所差異，原則上，就是參考支出明細一項一項地列出孩子目前實際會使用的金額，再根據該金額來判斷要給多少零用錢。請優先考量實際狀況，隨時更改金額。不過，如果一直以來已經讓孩子花太多錢，想要加以矯正的話，當然也可以下修參考標準的金額。

※請參照P.52的專欄內容。

決定金額的方法

花時間與孩子討論，照實際的使用金額決定

對於零用錢的概算，你心裡是否已經有個底了呢？

請預先抓出從父母角度來思考的預算，召開「零用錢會議」之前，一定要先做好這些動作，接下來就要開始進行親子間的「零用錢會議」了。

召開「零用錢會議」時，親子一起慎重討論後再做出決定

「零用錢會議」決定金額的步驟

步驟 1 算出已達零用錢適齡期的孩子實際使用的金額，以及所需的零用錢金額

雖然比較複雜，但這個步驟是零用錢程式的重點所在，請大家一定要確實完成這個步驟。如果是週領制就針對一週、月領制就針對一個月所花費的錢，一一列出所有項目。倘若你的孩子年紀比較大了，就讓孩子事前列出包含定期購物和定期支出在內的一週花費；至於還不會自己列出清單的小小孩，就由父母在會議上聆聽孩子的意見，代替孩子或跟孩子一起列出清單。左方舉出了支出範例供大家參考，請

支出範例

1 儲蓄
2 點心費（若是高中生或大學生，就會是午餐費）
3 捐獻
4 文具用品等學習用品
5 娛樂費（書、電影、玩具、其他休閒活動費用）
6 個人奢侈品（特別的洗髮精、想吃吃看的零食、非必要但很想擁有的文具用品或包包等）
7 參加棒球等社區球隊的會費和保險費
8 參加練習賽或去補習班時的交通費
9 送給朋友或家人的小禮物

等孩子年紀大一點之後，
請討論是否要調整列出下列費用。

10 治裝費
11 大學的學費基金
12 社團活動或嗜好所需的必要工具
13 手機月租費

「零用錢預算表」 p.48

一併參考第48頁的「零用錢預算表」，與孩子充分進行溝通之下，列出所有支出，再一起討論所列出的項目是否妥當。除了這些項目之外，如果有「對我們家來說，這是很重要的項目」，也請一起追加上去。支出範例當中若有不需要的項目，也請刪除。

孩子的年紀越小，支出項目就要越少，以簡單為原則。舉例來說，如果孩子還沒上小學，支出項目就要少一點比較好。對於年紀更小的孩子，就保留一、兩個項目，把其他項目通通刪除。

在美國，大多會有捐款給教會等捐獻習慣，但在日本，會特別意識到這點並養成捐獻習慣的家庭想必少之又少。不過，站在提升「市民自立度」的角度來說，也迫切希望大家能夠讓孩子養成捐獻的習慣；在學校方面，相信校方也會呼籲學童參與聯合國兒童基金會的募款活動。爲了在突然發生災害時也能踴躍捐獻，請讓孩子養成平常就會爲了捐獻而儲蓄的習慣吧！還有，不一定要拘泥於捐獻的形式，購買愛心商品當作花錢回饋社會也是不錯的做法。

步驟②

決定好項目後，加以分類寫在事前準備好的「零用錢預算表」，接著預估各項目的所需金額

在步驟①列出清單，並決定好孩子的每週必要支出項目後，把這些項目寫在「零用錢預算表」上。

接下來，依各個支出項目思考一週（或一個月）大概會花多少錢，並填入表格。當然也可能包含了不是每週都會發生的支出項目（每月購買一次漫畫月刊等），遇到這種狀況時，請以一個月的金額，必要時甚至可以拿一整年的金額來估算，如果是一個月的金額就請除以四、一整年的金額就請除以五十二計算出一週的金額。

填入所有必要金額後，先依各項目小計金額，再算出合計金額寫在「零用錢金額」的位置。

如果這個「零用錢金額」不會造成家計的負擔，就可以視為孩子每週的零用錢金額，經討論後如果覺得這個金額過高，就請回到支出項目重新討論。對於有機會

「零用錢預算表」p.48

刪除的支出品項，可以刪除部分品項，或反悔再把某些品項加回去，藉由這樣的動作修正到可接受的金額。**經過討論修正而決定出「零用錢金額」後，孩子日後就要靠著該金額來應付所有的必要支出。**

把決定好的金額寫入「零用錢預算表」之後，影印一份交給孩子自己保管，讓孩子可以在必要時拿出來確認；另一份是給父母留底用的，請妥善保管以免遺失。

把零用錢細分成下列五個種類來判斷

① 用來買「想要的東西」的錢

於以往會拿零用錢來支出的部分，除了父母買給孩子的必需品之外，照理說不需要買但孩子說什麼也想擁有的東西，也會被歸類於此。

例

- 零食或飲料的花費。
- 漫畫的花費。
- 電動遊戲和玩具的花費，以及年紀大一點時會和朋友一起去看電影或打保齡球等的花費。
- 稍嫌昂貴的愛好品：屬於非必要，但想擁有的文具用品和貼紙等；年紀大一點時會變成飾品或非必需品的服裝等花費。
- 為了嗜好的花費。

② 用來買「必需品」的錢

屬於必需品和必要開銷，可能會有「由父母出錢」或「由孩子出錢」的差異，但勢必要支出的費用，這部分在長大成人後，就會稱爲生活費，也可以視爲屬於小孩的生活費。若能配合年齡慢慢增加孩子能夠靠零用錢自己支出的項目，最終全數交由孩子自行管理最爲理想。交由孩子自行管理的這部分金額必須與用來買「想要的東西」，以及用來「儲蓄」的錢區分開來，以追加金額上去爲原則。

例
- 文具用品：上課時需要使用的筆記本或鉛筆等等。
- 上才藝課或補習班時的交通費，以及該時間點的點心費等等。

③ 短期儲蓄

採用週領制給孩子零用錢時，就會遇到月刊雜誌的費用要怎麼給的問題。另外，就算是採用月領制，也會有一些不會每個月購買，但每隔幾個月會出版一本的漫畫等支出。短期儲蓄就是爲了應付這些可預測到，但並非永久的支出或不定期支出的儲蓄，意思就是，其目的在於爲了不久的將來勢必會產生的花費而儲蓄，爲了買禮物送家人而儲蓄的錢也會被歸類於此。

例

●定期購買漫畫月刊或每隔幾個月出版一本的漫畫等無法以每週或每月爲單位計算的花費。

●家人或朋友的生日、父親節與母親節等節日時的禮物花費。

④ 長期儲蓄

長期儲蓄的目的是存錢購買零用錢買不起的昂貴物品，或是沒有特別的目的，純粹爲了預防發生緊急事態時不會沒錢可用而儲蓄。

例

●爲了買電動遊戲機等昂貴物品的錢。

●目前暫時沒有念頭，但未來可能會想購買樂器、運動用品，或未來可能會想去旅遊等狀況下會需要使用的錢。

⑤ 用來捐獻的錢

以達到「市民自立」的目標，把用來回饋社會的錢也加進零用錢裡。

年紀大一點的孩子可能會有下列支出項目，該歸類如下：

●治裝費→①、②　●大學的學費基金→④

●興趣或特別嗜好所需的必要工具→①、②、③、④

●手機月租費→②、③

※爲方便理解，此處金額以新臺幣表示。

判斷過程的範例

以七歲小女生爲例來進行判斷。

100×7＝700元

每週的零用錢金額爲175元。
理想分配比例如下：

① 用來買「想要的東西」的錢	20%	35元
② 用來買「必需品」的錢	40%	70元
③ 短期儲蓄	20%	35元
④ 長期儲蓄	15%	26元
⑤ 用來捐獻的錢	5%	9元

合計　175元

不過，這位小女生**每個月會花費**約150元購買漫畫雜誌，照理說這部分應該從**③的短期儲蓄**支出，但35元×4＝140元根本不夠支出。

這時候會希望父母依孩子的實際狀況做判斷，舉例來說，如果判斷這部分是屬於享受樂趣的花費，就可以把每週的用來買「想要的東西」的錢修改爲30元，**每週撥出5元到短期儲蓄**，如此一來，就會有(35+5)×4＝160元可以支出雜誌的花費，還會多出10元的空間應付漲價。

① 用來買「想要的東西」的錢	30元
② 用來買「必需品」的錢	70元
③ 短期儲蓄	40元
④ 長期儲蓄	26元
⑤ 用來捐獻的錢	9元

轉移5元（①→③）

合計　175元

可是如果照這樣分配金額，短期儲蓄幾乎用來買漫畫雜誌就沒了，哪還撥得出錢來買禮物呢？

所以，必須**再從用來買「想要的東西」的錢扣掉**10元變成20元，轉移到短期儲蓄。

這麼一來，短期儲蓄就會有40+10＝50元。

① 用來買「想要的東西」的錢	20元
② 用來買「必需品」的錢	70元
③ 短期儲蓄	50元
④ 長期儲蓄	26元
⑤ 用來捐獻的錢	9元

轉移10元（①→③）

合計　175元

在守住參考標準的175元之下，照這樣的分配來決定金額應該就沒問題了。

然而，重新看過一遍整體的分配均不均衡時，會發覺爲了支出150元的雜誌費，使得每個月只能有區區50元的短期儲蓄似乎太少了。因爲原來是希望每週可以有35元的短期儲蓄，所以如果稍微抬高金額增加到每月80元的短期儲蓄，短期儲蓄的金額就會變成每週57.5元。不過，這樣的做法不好計算，所以也可考慮改成讓總額增加10元，短期儲蓄則變成60元的做法（如下）。

① 用來買「想要的東西」的錢	20元	
② 用來買「必需品」的錢	70元	
③ 短期儲蓄	60元	
④ 長期儲蓄	26元	
⑤ 用來捐獻的錢	9元	合計　185元

當然了，有些家庭可能會認爲這150元的雜誌一直以來都是父母買給孩子的，所以只要把150元除以四的金額直接加到短期儲蓄就可以解決。如果是採用這樣的做法，就會是每週增加38元的金額，變成如下的金額分配：

① 用來買「想要的東西」的錢	35元	
② 用來買「必需品」的錢	70元	
③ 短期儲蓄	73元	
④ 長期儲蓄	26元	
⑤ 用來捐獻的錢	9元	合計　213元

上述的做法算是多給零用錢，或許可以要求孩子減少8元讓短期儲蓄的金額變成65元，總額則變成205元會比較好。

減輕父母準備零錢的負擔也是促使「零用錢程式」持續下去的重點所在，請父母做判斷時也要記得考量到給零用錢時的方便性。

「零用錢程式」採用週領制的原因

一定要定期給零用錢，採用週領制會更好

根據日本金融廣報中央委員會實施的「孩童生活與金錢相關調查」（第三次調查．二〇一五年度），針對領零用錢的方式，做出「偶爾才會領零用錢」，也就是「不定期」的回答者，在小學低年級方面有將近六成、中學方面有將近五成的比例，兩者皆以這個答案的比例最高。另外，小學高年級回答「偶爾才會領零用錢」的比例爲三十八．三%，回答定期性的「每個月領零用錢」的比例爲四十五%，算是勉強逆轉了局勢，但觀察得到還是有將近四成的家庭是不定期給孩子零用錢。

不過，從「利用零用錢訓練孩子未來能夠管理生活開銷」的這個目的來思考的話，還是希望父母能夠定期給孩子零用錢。

企業大多採用月領制，所以會定期給零用錢的家庭似乎也是以「每個月給零用錢」居多。不過，我想在這裡大力推薦週領制，尤其針對還沒有上小學或沒什麼領零用錢經驗的孩子，更是推薦採用週領制。

原因是比起以一個月爲單位，以一週爲單位來管理金錢會比較容易。從發展心理學的觀點來看，孩子的年紀越小，時間觀的間隔感就會越短，比起做長時間的預估來管理

金錢，以一週爲單位來管理金錢會更適合孩子的發展。

還有一點，如果採用週領制，可以減輕失敗時的嚴重度，也比較容易重新來過。

年紀還小或剛開始領零用錢時，難免會遇到比較多的失敗，當中想必也會發生比較大的失敗。不過，如果只是小金額，就算犯了再大的失敗也不會嚴重到哪裡去，對親子雙方來說，可以每週重新做調整也會比較輕鬆。我們家會規定孩子使用零用錢時要記帳，並且必須在下一次領零用錢時拿記帳本給父母查看，意思就是，我們做了「如果沒有記帳就不給零用錢」的約定。

可是，孩子當時很容易忘了寫而沒能持續記帳，於是我放寬標準，接受只寫餘額也沒關係，總之就是先設法讓孩子可以持續記帳。當時，可以每週重新記帳可說是幫了大忙。

另外，也顧慮到了一個與金錢方面有關的問題。比起一般的零用錢，「零用錢程式」的零用錢金額大上許多，因此比起一次給一大筆錢，不如細分成每週給錢，對年紀還小的孩子來說會是更適當的做法。

實際採用後會發現出乎預料地好用，進行起來也會比較順利，這就是週領制吸引人的地方，請大家務必選定每週某固定日爲孩子零用錢的支付日。

我們家在孩子還是小學生時，也是一直採用週領制。直到孩子升上國中後，才召開親子會議決定改成月領制。因爲孩子在那時已經訓練到相當懂得如何管理金錢，我們也就能夠放心地改成月領制。

後來孩子升上了高中，針對交給孩子管理的必要支出部分，我們豁出去地大大拉高金額，讓孩子可自行判斷來做管理的金額大幅增加。

具體增加的支出內容如下：

- **參加社團活動所需的交通費**
- **去才藝班所需的交通費**
- **去補習班所需的交通費**
- **從事各活動時所需的餐飲費**

當時我們讓孩子自己估算會支出多少上列費用，然後以零用錢的形式，預先支付一個月的費用給孩子。

不干涉孩子使用零用錢的用途

零用錢的英語爲allowance，也就是動詞allow（允許）變化而得的名詞。查字典時，allowance會被解釋爲津貼和零用錢等意思，這些解釋應該算是「可自由使用之金錢」的意思吧！給孩子零用錢時，allowance給我的感覺是「比起日本的零用錢，孩子可以更自由使用的錢」，而且經年累月下來，我漸漸感受到它的好。因此，對於「零用錢程式」裡的零用錢定義，我多賦予了「自行判斷」的意思。

也就是說，對於依照固定規則決定好的零用錢，父母不插嘴干涉其用途。

身爲父母的你，請回想一下自己的工作經驗，假設明明是你應該負責去做的工作卻沒得到某程度的權限的話，會怎麼樣呢？工作起來應該會覺得綁手綁腳的吧？還有，如果每次都要聽某人的意見，還會懂得自己動腦思考嗎？我想應該不會吧！

「如果少了自行判斷，學習也會少了進步。」

我一向抱持這樣的論點，請父母一定要下定決心，告訴自己：「如果是在決定好的金額內失敗，那也是預料之中的事情。」畢竟「沒有失敗就不會成長」，不是嗎？

我家附近每年都會舉辦一次規模盛大的跳蚤市場，有個商家每次都會把當時正流行的收藏卡放進檔案夾裡，帶到跳蚤市場兜售。對我兒子來說，那是一個千載難逢的機會，因爲在那些檔案夾裡可以找到即使買卡包也不見得會有的稀有卡。我記得兒子那時還在上小學四年級，他因爲有了前一年的慘痛經驗，所以一點一滴存下「用來買想要的東西的錢」，存了5千日圓，讓他可以盡情地大買特買收藏卡。

當時我和兒子分開行動，自己在跳蚤市場裡閒逛著時，每遇到一位同班同學的媽媽，她們就會對我說：「妳兒子花錢花得很兇耶！」每次我都會回一句：

「謝謝妳告訴我。」不過，對於兒子的舉動，我當然是認同的。兒子做了很多忍耐、那麼努力地存下一筆錢之後，花在自己眞正想要的東西上頭有何不可呢？重點不在於大人看在眼裡會不會覺得浪費錢，而是對花錢的本人來說，到底有沒有價值才最重要。

包括失敗經驗在內，可以觀察孩子到如何絞盡腦汁使用金錢，也是「零用錢程式」的精髓所在。相信我，眞的很有趣的！

第5章

零用錢的給法 ❷

從如何決定要讓孩子做哪些「家庭工作」，到零用錢的管理方法全報給你知！

決定好零用錢的金額後，緊接著決定孩子要做哪些「家庭工作」

我在這裡舉出決定「家庭工作」時的三大重點。在召開「零用錢會議」之前，請父母仔細閱讀三大重點的內容，預先構思出心中的備案，不過，我在重點裡也會提到，此時最重要的還是孩子本身的意願，所以備案只是預備動作。請與孩子充分溝通後，取得彼此的同意之下，訂立最終方案。

決定「家庭工作」時的三大重點

重點①　挑選孩子會想嘗試看看，父母也會覺得「孩子願意做真是幫了大忙」的工作

首先，必須考量到孩子能不能勝任，以及孩子能不能百分之百達成工作？還有，孩子能不能每週都按照規定次數持之以恆做好工作？這部分要請父母做出確切的判斷。為了讓孩子持之以恆，理所當然地，挑選一開始就可以輕鬆做到的工作，或是不用花太多時間就能適應的工作會是個好方法。不過，選擇過於輕鬆的工作也不好，畢竟必須有適度的負荷才會成長。

只要是孩子想做的工作，即使有些難度，或許還是做得到，相反地如果是不太想做的工作，即使很簡單也可能無法持之以恆。這方面該如何斟酌，就要請父母好好觀察孩子，並且好好與孩子溝通討論。決定「家庭工作」就是要讓孩子學習負起責任持續做好工作，請不要忘了這個最重要的目標。

話雖如此，但也是要挑選父母會覺得「孩子願意做眞是幫了大忙」的工作，零用錢程式才能執行得順利。畢竟如果是雙贏（對雙方都有好處，沒有哪一方會吃虧）的狀態，親子雙方就都能夠感受到零用錢程式的好處。

搭配不同工作給孩子時，在「孩子可以樂在其中的工作」及「孩子會嫌麻煩的工作」之間取得平衡十分重要。以年紀大一點的孩子為例，父母會希望孩子可以做

「每週清洗一次浴室（包括浴缸、地板和牆壁）」的工作，但孩子會排斥，這時的成功祕訣就是搭配孩子平時就十分樂意去做的「餵食寵物」的工作。

「孩子的年齡＝完成工作所花費的時間（分鐘）」

對於分配給孩子的「家庭工作」，以差不多可以在上述時間內完成一次工作的難易度最為適當，舉例來說，如果你的孩子今年七歲，就請斟酌看看孩子能不能在七分鐘內完成工作。

重點② 斟酌年齡和忙碌程度後再做出決定

我在第3章也提過，孩子因執行「零用錢程式」而做的工作，與父母給錢拜託孩子做的工作截然不同，接下來的內容即可明顯看出這點。在「零用錢程式」中，零用錢的金額不會與工作的難易度、頻率和內容相呼應，金額方面有一套決定金額的規則，工作方面也有一套決定工作的規則，兩者之前雖不是毫無關聯，但不像大人的工作那般有著密切的關聯。

孩子能夠視為自己的工作而負起「責任」承接「家庭工作」，並持續執行工作才是重點所在，為了讓孩子做到這點，父母必須備妥工具或做好事前準備，進而協助孩子有能力做到該項工作，同時也要觀察孩子，是否可以在不需逞強之下也能持續做到該項工作。

如果孩子每天要上學，卻要他負責每週必須花上一～三小時的工作，這或許有必要從長計議。不過，相信隨著年齡增加，孩子會變得有能力做到更多且更複雜的工作，相對地，即使孩子的生活因為學校或其他活動而變得忙碌，在某程度上還是應付得來。

不過孩子升上國高中後（部分孩子可能是升上小學高年級後），有可能因為課業和社團活動而變得十分忙碌，時間少之又少，這時孩子能做到的「家庭工作」有可能反而比以前來得少。遇到這種狀況時，請與孩子重新談判，一起找出在變得忙碌的新生活之中也能做到的「家庭工作」，並要求孩子做到。

我們家也是一個例子，我兒子升上國中後，參加了訓練最扎實的運動社團，當時我們針對工作重新做了談判。那時兒子平日的社團活動每天總是訓練到晚上七、八點，週日一整天還要去到外地參加練習賽，除此之外，每週還要上兩次的英文課。那時兒子每天單程要花上約三十分鐘的時間搭車去就讀的國中對體格還是像小學生一樣瘦小的他來說，是一件辛苦事。至於每天的功課，當然也是多到讓人皺眉頭，於是我們重新調整了工作。兒子還是小學生時負責每週摺三次衣服及洗碗盤，我們取消了摺衣服的工作，改成每天傍晚回到家時負責拿報紙、週末其中一天洗一次碗盤、放長假時每週洗三次碗盤，以及長假期間一定要清洗一次浴室的百葉窗。兒子的工作內容變得比小學生的時候簡單，零用錢的金額卻增加了。如果以工作的角度來看這狀況，會覺得很奇怪，但以兒子當時的生活來說，這已是到了能力極限的安排，他好不容易才持續做到這些工作直到大學畢業。

我們家是父母都工作繁忙、生活步調緊湊的雙薪家庭，所以每個人都有「家人理所當然必須分擔工作」的認知。一路來，我和丈夫都是依當下的狀況互相分配、彼此分擔所有家事，在這樣的背景下，對於我和丈夫提出的請求，除非有什麼特殊情況，否則兒子一向不會拒絕幫忙，所以除了承接的「家庭工作」之外，兒子在各方面也都會幫上忙。不過，「家庭工作」和幫忙還是不能混為一談。

這部分在後面也會提及，但先在這裡給大家一個建議。建議大家可以利用六月連假，召開針對零用錢金額和工作內容重新進行談判的「零用錢會議」。為什麼呢？因為到了六月時，已經比較能夠掌握新生活的實態，五月時可能會發生一些例外狀況，但我會把這段時間視為過渡期，彈性應對變化（希望大家最遲也要在六月完成重新談判）。

重點③ 從各種不同角度評估所挑選的「家庭工作」

比起大人，孩子看待「家庭工作」的角度狹窄，較容易只看到一小部分，尤其是年紀越小的孩子，越容易有這樣的傾向。舉例來說，當孩子選了「洗碗盤」的工作時，你無法確定十歲兒子和你對這份工作的想像會是一致的。十歲兒子或許會認為「當水槽空了，就表示已經做完洗碗盤的工作」，不過身為父母的你，會認為應該也要把飛濺到水槽四處的泡沫或水滴擦乾，對吧？對於孩子做「洗碗盤」這份工作時應該從哪個動作做到哪個動作，有必要明確列出範圍並取得共識（認同）。

以「洗碗盤」這份工作來說，可能會有下列動作：

❶ 收碗盤
❷ 洗碗盤
❸ 擦乾洗好的碗盤
❹ 把擦乾的碗盤收回櫥櫃
❺ 擦拭水槽四周
❻ 清理廚房的地板

選了「洗碗盤」這份工作時，**請明確告訴孩子要從哪個動作做到哪個動作**。對年紀幼小的孩子來說，收碗盤是一份讓人驕傲的好工作，雖然不算是洗碗盤，但能夠做到收碗盤的動作就足夠了。等孩子年紀稍微大一點，家人都會各自把碗盤收到水槽時，就可以把②的「洗碗盤」視為孩子的工作。如果是上了國中的孩子，把②到⑥的動作都納入「洗碗盤」的工作範圍內也沒什麼不妥。

實際來具體決定「家庭工作」吧！

① 寫出孩子的工作選單

請看一下第44～47頁的「工作清單」。為了有助於父母與孩子溝通，「工作選單」列出了不同類別的工作，另外，也從容易做到的工作到難度較高的工作做了簡單的排序。請先試著從工作選單中，找找看有沒有適合給你的孩子做的「家庭工作」，如果覺得當中沒有合適的工作，也可以自行安排不一樣的工作。

說到家事的具體做法，想必也會依各家庭的狀況不同而有所差異。舉例來說，在分類為洗衣的工作當中，有一項把摺好的衣服送到家人各自房間的工作，但如果是全家人的衣服都收在同一個地方的家庭，就可以把工作換成「把摺好的衣服收進衣櫥裡」。

請大家在斟酌孩子的年齡和能力之下，先寫出幾個每天會做或每週會做一至三次的日常工作。接下來，挑出一些較為複雜但可以偶爾做一次就好的工作（如果沒

工作清單 p.44

有就自己設定），這部分可以包含需要父母提供些許協助的工作。

②從各種不同角度評估所挑選的「家庭工作」

把挑選出來的「家庭工作」寫在紙上列成清單，並針對各個工作，詳細寫出具體的定義。賦予定義時，請一邊看「工作選單」，一邊確認孩子所想像的工作範圍，父母也要在斟酌到孩子的年齡、能力及意願之下，和孩子一起思考如何調整為合適的工作內容。

定義不單純只針對「做什麼事」的部分，也要針對「什麼時候」、「什麼地方」與「怎麼做」具體賦予定義。

③決定好工作後，再次確認雙方是否達成「共識」

若想成功執行「零用錢程式」，有一個不可或缺的重要前提，也就是親子之間必須確實做好溝通、彼此接受且「達成共識」。仔細確認在這裡賦予的工作定義，並且再次向孩子說明何謂承接「家庭工作」之後，請好好確認孩子本身有沒有要負起責任做工作的意願。

另外，「共識」對父母本身也會有所約束。請斟酌一下你自身能不能確實遵守約定？舉例來說，如果孩子的工作是「晒衣服」，父母就必須在孩子開始工作之前，先完成洗衣服的工作；如果孩子的工作是「洗碗盤」，父母就必須在那之前把碗盤收到水槽。

你能夠不嫌麻煩地確實做到這些事嗎？倘若父母無法好好負擔自己的責任，可要小心變成孩子眼中的「壞榜樣」喔！

※請告訴孩子達成共識的事項具有責任，而且重大到必須簽訂合約。重要的是，必須讓孩子確實理解「具有責任的同意」與「被命令而不得已去做」之間的差異。讓孩子知道家裡的工作不應該是在被迫之下去做，而應該在為了盡到身為家庭一員的責任之下，主動去做才對。也可以採用如下的說法：「意思就是你是家裡的成員，所以必須有自己的職責，如果你不做，也不會有其他人代替你去做喔！」

④ 決定好的家庭工作可以重新進行談判

實際實行了後，如果發現「家庭工作」的難度有些高，或是生活突然有所改變而無法做到工作時，請重新進行談判來變換工作或修改次數，以做出適當的調整。重要的是，讓孩子能夠「貫徹到底」，大家千萬不要忘了這點！

另外，即便沒發生什麼特殊狀況，依舊每年重新列過兩、三次工作清單，做好可以重新談判的準備也是不錯的辦法。暑假等長假一旦到來，孩子的自由時間就會增加，生活步調也會改變，在進入長假的前一週重新進行談判來變更「家庭工作」的內容，到了新學期開始時，再重新進行一次談判，然後持續新的工作內容直到寒假；像這樣一邊反覆進行重新談判，一邊執行零用錢程式也不失是個好方法。

別忘了也要決定可以領獎金的額外工作！

「好想買新的玩偶喔！」、「好想買滑板喔！」可是，光靠平常的零用錢來存錢，根本不知道要存到什麼時候才買得起……當孩子遇到這種狀況時，或許會產生「我想賺更多錢」的想法。所以，我們也要預先準備好可以應付孩子這般需求的方案。這時我們要讓孩子有機會透過多做一些工作，賺取額外的金錢，因為比平常做了更多的工作而拿到「獎金」後，孩子將會學習到「只要努力工作，就會得到相對回報」的道理。

為了讓孩子有機會領獎金，除了平時的工作之外，也準備一些「領獎金用的工作」吧！當中也可以包含「做平時的工作，但次數多過約定好的次數」，或「另外準備特殊工作」也行。除了工作之外，也請設定好做某項工作一次可以領多少錢的獎金金額。

不過，獎金制度必須有規則，首先，不能無限增加金額。請一定要事先設定獎金的上限金額。這部分當然要看各家庭怎麼判斷，但不要高於一週的零用錢金額會比較好，建議可以設定在零用錢金額的五十～四十％左右。

還有另一個規則，也就是不能沒做平時的工作，只做領獎金的工作。只有在做好平時的工作之下，額外做了工作時，才有資格領取獎金。

和孩子簽訂零用錢合約書！

「零用錢會議」進行到這裡，壓軸戲即將登場。最後階段，親子雙方將簽訂「零用錢合約」。

聽到要「簽約」，或許有人會覺得太誇張。不過，在未來的人生路上，孩子勢必會遇到如租屋簽約，或是在買房子、向銀行貸款等時候，簽訂書面契約、合約的場面。讓孩子可以趁早認真思考何謂合約，累積一同決定同意內容的經驗十分重要，孩子將可以從經驗中，得知「簽約」這個約定動作的嚴重性。這麼一想，就會覺得這部分或許稱得上是「零用錢程式」中最重要的學習。

為了讓孩子得到這個最重要的學習，在簽訂零用錢合約書時，請營造出「必須深思熟慮來認眞面對才行」的氛圍，還有，不論書面上寫著什麼樣的同意內容，在孩子面前都請佯裝成這是成熟大人的知性舉動，千萬不要表現出好玩有趣的態度，意思就是，要發揮演技表現得有些嚴肅與態度正經的感覺。

這時，父母是否充分理解合約內容及其意義也顯得重要。這是一份在你和孩子之間「具有約束力的合約」，如果你本身不希望照著這份合約生活，就請不要簽名，孩子也是。

另外，請記得向孩子強調「只有在確實遵守約定時，人們才會信任你」的道理。這是藉由「確實遵守合約」的舉動，來教育孩子人生中的重要價值之一，也就是「尊重約定」具有什麼含意。請父母也要嚴肅看待「尊重約定」的意義，並徹底遵守簽訂的「零用錢合約書」。

仔細斟酌合約內容後再簽名

請仔細閱讀第49頁的「零用錢合約書」，如果當中有你或你的孩子無法認同的部分，即使只是短短一句話，也請直接拿筆修改內容。和孩子一起填寫好空白欄位後，請把寫在紙上的所有合約內容朗讀出來，直到雙方都認同合約內容為止。

零用錢合約 p.49

在合約書上簽名表示同意之前，先確實做好溝通

在合約書上簽名之前，請確實把下列內容傳達給孩子，並取得孩子的同意。

- 世上沒有搖錢樹，錢不會憑空掉下來，那是爸爸和媽媽工作賺來的錢。可是你的年紀還小，所以沒辦法自己賺錢養活家人，也還不會管理金錢。不過，擁有可以自己管理的金錢，練習如何自立使用金錢，能幫你更接近成熟大人一步。
- 遵守合約是一件非常重要的事情，這件事情可以讓你信任自己，也可以得到別人的信任。
- 作爲根據的合約內容經過認同之後，一定會每週付給你零用錢，就算你有時候確實做到「家庭工作」，有時候卻沒有確實做到，也不會扣你的零用錢。還有，在你確實做到決定好的「家庭工作」後，如果做了可以領獎金的額外工作，就會付給你該有的獎金。

- 有時候可能會發生和合約內容有所不同的狀況，但爲了可以成功執行「零用錢程式」，爸爸媽媽還是會支持你。比方說不夠錢的時候幫你補錢，或是即使知道你沒做工作，也睜一隻眼閉一眼等等。發生這種狀況時，希望你可以好好反省，在那之後確實做到該做的事，對你來說，這會是一種成長。
- 父母也會有父母的責任，也就是必須當孩子的好榜樣。父母必須照約定好的時間準時給零用錢、準備好「家庭工作」需要用到的工具、確實做好事前準備讓孩子可以進行「家庭工作」。除此之外，進行談判或重新談判時，必須展現民主的態度（有良好禮儀的謹愼態度），當孩子提出要求時，父母必須公平地與孩子進行討論。父母絕對不會拿零用錢和孩子做條件交換，或因爲其他事情而出狀況時，拿零用錢當武器來威脅孩子。

當孩子同意上述內容後，親子雙方在合約書簽名。簽名，合約就正式成立！

比起其他人，父母會是孩子的第一學習對象，請牢記這點執行「零用錢程式」。

正式開始給孩子零用錢

讓孩子在工作行程表上做紀錄

請看一下第51頁的「工作行程表」。請將這張表格貼在孩子容易看到的地方，好讓孩子想起自己的工作。完成工作後，請讓孩子自己或親子，一起在表格上做記號，如果你的孩子年紀還小，也可以準備孩子喜歡的貼紙讓孩子貼在表格上。

請每週影印「工作行程表」來使用。

「零用錢會議」結束後，請孩子自己把在會議上決定好的「家庭工作」和次數填入表格。至於備註欄的部分，如果有約定好固定星期幾或固定什麼時間進行工作，就寫上星期幾或時間；如果是屬於領獎金的額外工作就寫上額外工作。

支付零用錢

如果處於「不知道什麼時候可以領到零用錢」、「有時候還會領不到零用錢」的狀態，孩子根本沒辦法管理金錢。

可以設定好固定每週幾給孩子零用錢，設定固定時段會更好，很多家庭都會設定在星期六早上或星期日晚上。如果能夠設定在與父母的發薪日同一天當然最為理想，但大多數的家庭想必都是領月薪，所以會有困難。為了能夠每週確實給孩子零用錢，請務必保留住這部分的錢，這將會是取得信任，以及讓孩子看見負責好榜樣的絕佳機會。

工作行程表 p.51

爲了讓孩子確實照預算管理與使用零用錢

幫孩子準備四個透明金庫吧！

您的孩子平時會把錢收在哪裡呢？執行零用錢程式時，會把零用錢分成五個種類來判斷，分別是：①用來買「想要的東西」、②用來買「必需品」、③「短期儲蓄」、④「長期儲蓄」、⑤用來「捐獻」。如果每天的生活裡會出現這麼多種錢，做父母的應該會擔心孩子越分越糊塗吧？有個好方法可以避免這樣的狀況發生，也就是標題所寫的「使用四個透明金庫」，讓孩子依支出項目把錢放進不同容器來管理。這裡之所以刻意不選擇一般的存錢筒或錢包，是因爲著重於容易拿取，以及一眼就能看見內容物。

在這裡會把⑤用來「捐獻」的錢的部分與③「短期儲蓄」一起管理，所以請針對①～④每一項目，分別準備一個含有蓋子的透明容器。

可以拿用過的果醬空瓶，或是在39元商店就可買得到的透明收納盒都行，重點在於必須是「一眼就能看出還剩多少錢」的透明容器，以及附有孩子容易開闔的蓋子，盡量是孩子的手能夠伸進去的大小。

爲了方便區分，記得分別在四個容器貼上標籤，或是用油性筆大大寫上「想要的東西」、「必需品」、「短期儲蓄」和「長期儲蓄」等明確字眼。

① 用來買「想要的東西」的錢

「我現在就想要這個！」①是用來應付孩子這般欲望的錢，所以這個金庫就算變得「空空如也」也沒關係。不過，如果把錢花光光，在下次領零用錢的日子到來之前，容器裡將會一直是空空如也。

② 用來買「必需品」的錢

屬於如果變得空空如也，就會很傷腦筋的金庫。基本上，文具等用品都是「用完了才會再購買」，所以要讓孩子培養出為了在需要時能夠隨時拿出錢來購買，而把每週的零用錢存在金庫裡的習慣。

③「短期儲蓄」

雖然本書把「捐獻」的錢歸在③的金庫裡，但其實應該要分開比較好。不過如果金庫太多，反而會變得複雜，這方面還請各家庭依孩子的狀況做出判斷。雖然③的金庫會有金錢進出的狀況，但基本上不太會變得「空空如也」。

④「長期儲蓄」

把③和④放在一起管理也是一個方法，不過我認為分成兩部分來管理，並明確給出「除非是重大事情，否則不會使用長期儲蓄」的觀念比較好，所以建議使用第四個金庫。

透過這樣的保管方式，孩子也會學習到如何照預算使用金錢。

孩子失去幹勁時該怎麼辦？

當孩子明顯對零用錢程式失去興趣，或不遵守當初同意的內容，而且感覺狀況會一直持續下去時，就有必要重新進行談判。

請召開「零用錢會議」，以冷靜的態度好好聆聽孩子目前的心情，以及為什麼會表現出那樣的態度。

千萬不要因為孩子不遵守約定就大發雷霆，嚴厲斥罵孩子說：「你不是答應過會做好工作！」父母請記得一定要保持冷靜，並且展現良好的應對態度。

「你這週末別想去遊樂園玩了！」、「我要扣你的零用錢！」當然也不能像這樣威脅孩子。若是發生為了當初同意的合約內容而意見分歧或大吵一架的場面，在那個當下，合約內容就已宣告無效，不論再怎麼爭吵，也挽回不了什麼。

如果孩子在「零用錢會議」上提出具正當理由的變更要求，就應該和孩子進行討論，若在溝通後達到共識的話，只需要變更合約上的部份工作內容即可。不過，如果在孩子身上觀察不到積極的態度，暫時停止「零用錢程式」會是比較有幫助的方法。這時請停止所有動作，靜靜等待孩子主動表示希望重新展開程式。

如果孩子有兄弟姊妹，想必會比較快主動表示想要繼續執行程式。看見兄弟姊妹可以定期領錢，自己卻孤立在外沒有加入其中是一件折磨的事。另外，即便沒有兄弟姊妹，相信幾乎所有小孩也都會主動要求重新展開程式，畢竟每個孩子都會有「幹勁」，也會希望自己受到像大人一樣的對待，所以其實極少會發生這類的棘手狀況。

一般來說，越是懂得管理金錢長大的孩子，越能夠盡到身爲家庭一員的責任，即使是只拿取小額零用錢的小小孩，也能夠在這樣的關係之中找到意義。

關鍵就在於如何挑選「家庭工作」，必須挑選適合孩子的「家庭工作」，再安排到每天的行程之中。挑選的工作不能是以孩子的年齡來說，太過簡單的工作，也不能造成孩子太大的負擔。

在「零用錢會議」上，請父母也要認眞思考斟酌，不要孩子說什麼都有求必應。我們的目標在於成功執行「零用錢程式」，而且要執行得穩定長久。讓「零用錢程式」隨著孩子一起成長，一路執行到孩子高中畢業為止吧！

到時你將會發現一開始讓人嫌麻煩的「零用錢程式」，已在不知不覺中成為理所當然的日常，輕輕鬆鬆就能夠順利運作。

發生狀況時的解決方案

針對孩子有所誤解或反抗的狀況，在此提供一些的預防手段。此外，也具有足夠的彈性可以應付孩子的各種變化需求，當你與孩子之間起了爭執或孩子漸漸失去興趣時，請重新閱讀本書，從中找出類似的狀況及解決方案。

不過，最重要的一點還是在於先好好與孩子溝通，請直率地詢問孩子狀況，以積極的態度聆聽孩子的想法及感受。

狀況	應採取行動
一再遺失金錢	❶ 如果孩子沒有錢包，就準備錢包給孩子。 ❷ 暫停執行程式。
利用金錢拉攏朋友、花大錢	告訴孩子這樣的舉動毫無意義。 最多只伸出援手兩次。
偷懶沒做「家庭工作」	鼓勵孩子，並重新進行談判，最終可考慮暫時停止零用錢程式。打算停止程式時，爲了促使孩子產生想要重新展開程式的意願，跟孩子說一聲：「你自己好好思考看看，如果還想進行零用錢程式，再來跟爸爸媽媽說喔！」
與兄弟姊妹比較	召開家庭會議，與孩子溝通，直率地告訴孩子兄弟姊妹的年齡、能力不同，以及做區分的必要性。
不記錄「工作行程表」	花一段時間陪著孩子記錄，並經常給予鼓勵。
抱怨零用錢太少	❶ 重新進行談判。 ❷ 有時候孩子是拿其他父母的「行情」做比較。
猶豫要不要花錢	❶ 不插嘴干涉，讓孩子自己學習。 ❷ 不能幫孩子付錢。
借錢給朋友	除非牽扯到霸凌，否則不插嘴干涉。

西村老師！請幫幫忙！

給零用錢時，該不該要求孩子記帳？

藍

我們家是以必須提出零用錢記帳本，作爲領取零用錢的交換條件，意思就是，我們在合約追加了「如果沒交記帳本就別想領零用錢」的內容。

不過，我們參考了西村老師的建議，把條件放得很寬鬆，所以孩子勉強能持續記帳到高中畢業。請西村老師再分享一次那時給的好建議吧！

西村

我也認爲零用錢確實要記帳比較好，但不需要是強制性的。

「我領了多少錢？」、「目前還剩多少錢？」、「還有多少錢可以花？」孩子能不能確實掌握這些才是重點。如果孩子能夠確實掌握到這些，那就不需要記帳也沒問題。

第149頁有針對「四個透明金庫」的說明，如果是採取那樣的做法，一眼就能看出剩下多少錢，可以取代記帳。

如果打算讓孩子記帳，我建議不要過度執著於細節。

要是因爲「計算金額不符」或「忘記花了什麼錢」等狀況而放棄執行零用錢制度，那就太可惜了，這時候只要以目前持有的金額，重新開始記帳就好了。

該怎麼運用壓歲錢等額外金錢？

關於壓歲錢的部分，基本上從小學到高中我都是幫孩子存下來。不過，有時候會看孩子當時想買什麼東西，讓孩子可以用掉1萬元日圓以內的幾千元日圓尾數。孩子升上高中後，想買的東西的金額變大，所以傾向把父母給的1萬元日圓壓歲錢，和生日及十二月聖誕節領到的各1萬元日圓紅包錢加在一起，花在購買大衣等金額比較高的東西。

到了大學時期，對於父母以外的人給的錢，我們會要求孩子把一半的金額用來儲蓄，另一半的金額可以拿來使用。

我不太記得西村老師對這方面的想法了……不過，我一直照著老師所說，每次都是和孩子一起去銀行存錢。

對於壓歲錢的處理方式，相信各家庭都有自己的看法，我本身是讓孩子把壓歲錢全數存到銀行裡。

不過，為了不讓孩子產生「父母擅自把錢藏起來」的想法，所以我每次一定會和孩子一起去銀行存錢。

我會讓孩子自己蓋章，或是跟孩子解釋行員在做什麼……這對孩子會是很好的經驗。另外，我也跟孩子約定過「如果有想買的東西，可以和父母商量後再用錢」。

不過，好像滿多家庭都會把幾千元日圓交給孩子去買自己喜歡的東西。如果是這樣的狀況，可以各家庭自行定下規則，決定過年期間怎麼給零用錢。

西村老師的建議

像這樣把壓歲錢存下來之後，不知道大家都怎麼使用這些存款？

我們家是告訴孩子等他長大之後應該會想去旅遊，或是想買樂器等金額較高的東西，所以可以等到那時候再使用這些錢。

實際上，也眞的都用在這些用途。

還有一個，我家孩子考大學時，已經先繳了某所私立大學的註冊費，但他後來突然說想換另外一所大學，於是我們跟他說：「如果你願意拿自己的存款去繳費就沒問題。」最後，孩子自己付了約20萬元日幣，那次算是金額最大的一筆支出吧。

那眞是很大一筆支出呢！也就是說，孩子自己負起責任選了大學。我相信孩子的這個判斷帶給了他強烈的意志，讓自己不要虛度大學時光。

以我們家的狀況來說，就連在生日等特別日子裡從爺爺奶奶那裡得到的臨時收入，也都和壓歲錢一起存進銀行帳戶。

孩子沒辦法一起去銀行存錢時，我會把刷過的存摺拿給孩子看，讓孩子確認金額已確實存入。

不知道是不是因爲從小就自己管理零用錢，**所以珍惜金錢的觀念已經深植腦海，我家孩子不太會有一直想要購買昂貴物品的慾望。**

我記得在孩子各自升上大學時，就已經把那些錢連同存摺交給本人了。

我家孩子在升上大學之前，一直沒什麼想花錢的意願，但現在好像有很多想買的東西或想做的事情，看他很辛苦的樣子呢！

感覺上，即使都是採用一樣的方法給零用錢，在使用金錢的方式上面，還是觀察得到孩子與生俱來的個性。

我也這麼認爲。在我家的女兒們身上，也觀察得到個性的不同，大女兒比較謹愼，小女兒就比較愛花錢。

利用零用錢多做練習後，孩子就會依自己的個性找出順利與金錢打交道的方式，這樣眞的很好。

該如何挑選「家庭工作」才會順利？

美國是以chores表示「家庭工作」，大家對這個單字可能比較陌生，意思是家事或雜務。

西村老師也說過：「負起責任承接『家庭工作』的舉動，代表願意盡到身為家庭成員的職責與任務。」所以第44頁的「工作清單」只列出與全家人有關的工作，沒有把為了自身而做的事情列入其中。針對打掃自己的房間或整理自己的衣櫥等等，身為父母當然會希望孩子做到這些事，但這些不是「家庭工作」，而是「自己的工作」，這部分就要請父母另外教育孩子。

說到該挑選什麼樣的「家庭工作」會比較順利，有一個條件是挑選「獨立性較高」的工作。也就是說，孩子可以自己思考，並且在某程度上可以照自己的時間去做的工作。如果是幫忙某人，不論是什麼樣的工作內容，總會以主角的時間爲優先，也會因爲這樣而有時做得到、有時做不到，這樣會讓人很傷腦筋。工作內容也是一樣，如果不是在孩子獨自思考後，就能做到的範圍內，恐怕難以達成工作。

當然，不論是什麼樣的工作，最初都必須備齊工具，並確實教導孩子如何完成工作。你是不是覺得有點複雜呢？不過大家不妨想一想，孩子學會之後，就會變得輕鬆容易了。

針對在傳統家庭生活中容易做到且熟悉的工作，「工作清單」裡特別以粗體字加以標示。每個家庭的狀況各有不同，或許有的工作有，但有的工作沒有，這部分就要請大家自行調整成適合自家的工作選單。

如果對象是三歲的小小孩，建議可以讓孩子負責把鞋子排列整齊、飯後收拾碗盤之類的工作。對於「自己能夠爲家人幫上忙」這件事，就算孩子的年紀再小，也能感受到喜悅，相信孩子也會因此而建立出自信心。

第6章

給國中生、高中生和大學生的零用錢

孩子上了國中後，就是獨立的消費者

理財規劃師畠中雅子老師表示，當孩子升上國中後，生活模式會出現劇烈改變，行動範圍也會大幅擴大，孩子將會成爲一個獨立的消費者。孩子可能會和朋友一起出遠門、為了參加社團活動的比賽而到外地，也可能去比較遠的補習班上課。這麼一來，孩子自己花錢的機會就會增加。

首先，以往除了營養午餐之外，孩子都是和父母一起吃飯，現在會變成孩子自己獨自外食。孩子可能會在補習班附近的便利商店買東西吃，也可能和朋友一起去速食店等等，接下來，很多孩子會開始在意自己的裝扮。現在也有越來越多國中生攜帶智慧型手機，所以也會多出手機的通信費。還有，如果孩子參加了社團活動，也會因為需要購買制服、球鞋與球拍等運動用品或樂器等等，而產生高額的支出。

階段性慢慢增加用來買「必需品」的錢

這些越來越多的必要支出就視為用來買必需品的錢，階段性的預先算進零用錢，讓零用錢的金額慢慢增加，在直到孩子高中畢業的六年期間內，將會在「零用錢會議」上列出孩子生活中所需的定期支出，並視爲零用錢交給孩子管理。不過，這部分還是要由父母看清楚孩子的個性及管理金錢的能力，進而做出適當調整。

如果是從孩子小時候，比方說從小學就持續執行「零用錢程式」很長一段時間，父母對孩子的管理能力早已瞭若指掌的話，只需要配合成長階段慢慢增加可自行判斷的金額就好。不過，如果是在孩子已經升上國高中才開始導入「零用錢程式」的話，最初還是照著前面章節所提議的方式給錢，可自行判斷的部分也盡量縮小範圍，從文具用品等最小金額的物品開始做起會比較好。

為什麼我會給這樣的建議呢？因爲升上國中後，比起依父母的價值觀，孩子更可能會依朋友與同學們的價值觀使用金錢。這些升上國高中才執行「零用錢程式」的孩子，其基礎畢竟不同於從小即透過「零用錢程式」接受父母的價值觀洗滌、本人的管理實力也大大提升的孩子。因此，將他們視為比實際年齡更小的孩子來展開程式會比較好。

以零用錢的形式交給孩子管理，還可以防止花費的金額增加！

孩子的「必要花費」來到這個階段後，可說近乎「生活費」。當你準備和國高中生的孩子一起決定這部分的金額時，請嘗試看看下列做法。尤其是覺得孩子平時的花費太高，譬如速食店等外食費用、手機通信費過高，或有些孩子花太多錢買衣服等等，對因此感到苦惱的父母來說，這個做法將可以帶來幫助。

這個做法就是**趁此時列出合理範圍內的上限金額，讓過去實際支出的金額能夠與父母期望的金額拉近差距。**

請記得與孩子約法三章，當花費超出上限時，孩子就必須拿自己的「用來買想要的東西的錢」，或一路以來的儲蓄來支付，或是約定好當手機費過高時，就不再使用手機等等。一旦變成是自己要拿捏的錢，孩子勢必會比以前謹慎，一眼就能清楚看見，還有多少錢可以使用的預算管理效果，果然小看不得！

這時請注意一點，父母絕對不能太斤斤計較，而做出牽強的約定。促使「零用錢程式」展現最大效果的祕訣，就在於公平。畢竟如果想要在過於牽強的預算內應付開銷，必須具備相當的實力及努力，也就是必須花費時間。金錢和時間說穿了就是一種「蹺蹺板」的關係，想省錢就必須花費時間，讓生活忙碌的國高中生面對超出限度的牽強省錢挑戰並不適當。

●我們家的狀況

我們家並不是金錢意識強烈的家庭，對於前述的道理，其實是一邊執行才漸漸有所體會。所以，在孩子國中時期，不論是上補習班時的交通費還是點心費，都是當天早上才交給孩子（孩子的社團活動很辛苦也占了很大的因素）。

我在前面也提到過，我們家是在孩子升上高中之後，才鼓起勇氣大幅增加讓孩子自行判斷的零用錢金額。孩子每次領到零用錢後，會自己儲值到IC月票卡裡，也會在估算的範圍內設法應付點心費的支出。孩子剛升上高中時，以「實際花掉的錢沒有估算金額那麼高」為理由主動表示要降低金額，把零用錢裡用來買「必需品」的錢退還了三百日圓給我們。雖然只是區區三百日圓的金額，但如今回想起來，還真是一段讓人會心一笑的回憶。

我們家兒子從國中就對時尚潮流有著濃厚的興趣，不知道從國中二年級還是三年級，兒子就會自己到後原宿的二手衣店買衣服（我們只有在第一次的時候陪他去）。當時正好也是兒子已經穿不下童裝的時候（我們家兒子發育比較慢，國中一年級時的身高只有一百四十八公分，但國中後半段開始抽高，高中畢業時竟然長到了一百七十八公分！衣服尺寸的改變相當劇烈）。當時我們重新制定買衣服的規則，每次必須加大尺寸時，父母會負責購買所需件數的服裝，孩子如果想買更多衣服，就必須拿自己的零用錢或壓歲錢購買。

我猜兒子用來買「想要的東西」的錢，應該有絕大部分貢獻給了二手衣店。現在和以前不一樣，很容易就可以買到二手衣或很便宜的衣服，兒子似乎只要花費1千日圓或2千日圓就可以順利買到想要的衣服（從父母的角度來看，很多都是失敗的購物經驗就是了）。到了高中後，兒子曾經用半價購買瑕疵品或在二手衣店購物，前後買過兩雙「馬汀大夫」的鞋子，並且很珍惜地穿了五～六年。以兒子當時的財力來說，是買不起名牌鞋的，想起兒子靠著零用錢買到那些鞋子時，既驕傲又開心的表情，我至今難忘。

在我們家，一般手機和智慧型手機的通信費一直都是由父母支出（甚至不小心付到兒子成為社會人士的第二年）。換成智慧型手機之前，還曾經因為看到當月的請款單金額，驚嚇到下巴差點就快掉下來，原因出在兒子接收了朋友傳來的圖檔費用，當時我們和兒子一起到電信公司詢問狀況，也一起思考過該如何挽救。在那之後，我們制定出上限金額，並與兒子約定好，如果連續好幾個月都超出上限金額，就不再使用手機，兒子之後也一直遵守這個約定。

大概是執行「零用錢程式」給零用錢帶來的成果，讓我們親子之間確實擁有相同的金錢價值觀，這或許是最大的成效吧！彼此在溝通上有相同的觀念，所以遇到狀況時也比較容易解決，需要零用錢以外的花費時，兒子會列出品項和金額找我們商量，並且確實說明為什麼需要這些花費。不知道是「零用錢程式」所帶來的效果，還是個性使然，兒子考大學時不論是補習班費用，還是參考書費用都控制在最低金額，只會在所需的範圍內挑選。每一本試題本兒子都會反覆利用，高中三年級參加升學補習班的寒假課程時，發現有一堂課太簡單，兒子也主動向我們表達歉意說：「很抱歉雖然你們已經繳了學費，但我不想浪費時間，所以想要中途放棄上那堂課。」自從執行「零用錢程式」後，兒子不會遇過太大的金錢糾紛，也完全不會找爸媽討東西。基本上，兒子提出的請款都是必要性很高的內容，可以讓人信賴及安心。

這部分我在後面也會提及，兒子升上大學後隨著自由度增高，也發生過金錢管理有些失控的狀況，兒子偶爾也會因為花光了錢，跑來找我們撒嬌。每次發生這種狀況時，我們都會引導兒子修正軌道，一路在旁默默守護兒子的成長。

給大學生的零用錢

與上大學之前的各階段相比，大學生的零用錢很難說得準，畢竟這會依各家庭狀況不同而拉大差距。

孩子升上大學後，眞的就是如假包換的獨立消費者，孩子的消費會因爲家庭的經濟狀況、本人的經濟能力，以及其他各種條件，變得截然不同。

我們先不談父母能夠負擔到什麼程度，讓人好奇的是，大學生每個月究竟需要多少所謂的「零用錢」呢？

兒子升上大學後，一有機會我就會調查看看父母這一方怎麼給零用錢，調查結果發現行情差不多落在每個月2萬～3萬日圓左右。我們家當初是給2萬日圓，聽說西村老師也是給他的兩位千金各3萬日圓。照西村老師所說：「根據金融廣報中央委員會的『家計之金融行動相關輿論調查』（二〇一三年），日本全國的大學生每月零用錢平均金額為25,236日圓。目前只有過去七年的數據，整體計算，日本全國的平均金額大概是2.5萬～2.9萬日圓，所以妳的調查結果是準的。」

不過，我要強調一下這是二〇一四年的結果。根據同一調查的二〇一九年結果，日本全國平均金額為22,126日圓，可看出現在的行情略顯下降，也不難感受到現今的大學生親子處於嚴峻的狀況。順道一提，聽說西村老師的小女兒在二〇一四年踏入社會後，都會拿與每月零用錢一樣的金額，也就是3萬元日圓給家裡貼補家用，這樣的思考可說相當合理。

另一方面，理財規劃師畠中雅子老師在多人共同著作的《養孩子要花多少錢？》（子どもにかけるお金の本）一書中提到，「如果要問什麼是最理想的狀態，我會說至少針對孩子本身的零用錢部分，希望孩子可以自己打工賺錢來負擔。」事實上，畠中雅子老師的女兒也確實是自己打工賺零用錢度過大學時期。以一般的家庭來說，孩子就讀大學的那段時間，不僅是教育資金最吃重的時期，父母一方也會因為有了歲數而難以有更多收入或收入逐漸減少，可說是家計十分吃緊的時期。

包含有沒有足夠能力負擔孩子的零用錢這件事在內，在孩子就讀大學前，親子之間應該先確實做好討論溝通會比較好。

大學時期會有哪些花費？

在此我們先假設孩子住在家裡，每天從家裡去大學上課。如果孩子是離家在外自己一個人住，父母能夠寄給孩子的金額自然會是固定的，畢竟在這時期，應該有很多家庭難以再額外負擔零用錢。另外，因為這是一本針對零用錢的書，所以學費暫不列入。

在這樣的前提下，左側項目會是我們需要加以斟酌的支出，你打算怎麼應付這些支出呢？

月票費

教科書費

購書費、影印費

午餐費

手機通話費

交際費

雜費

治裝費

以上屬於日常開銷，接下來是金額比較大的特別開銷。

筆電費

駕訓班及考駕照費用

雙主修課程的學費

求職相關費用
除了西裝、鞋子與包包，也會有交通費、住宿費與通信費等等。

大學時期的金錢負擔
藍家與西村家的狀況

	藍家	西村家
零用錢金額	2萬日圓/月	3萬日圓/月
打工收入	4萬～5萬日圓/月	2萬～4萬日圓/月
平均收入	6萬～7萬日圓	5萬日圓
・月票費	父母負擔	父母負擔
・教科書費	父母負擔	父母負擔
・午餐費	父母每月負擔1萬日圓	本人
・手機費、手機通話費	父母負擔	本人
・治裝費	父母僅負擔所需服裝的費用	父母僅負擔所需服裝的費用
・筆電費	父母負擔	父母負擔
・駕訓班及考駕照費用	父母負擔	父母約負擔三分之二金額
・雙主修課程的學費	父母負擔	無
・求職相關費用	本人	父母負擔

在零用錢金額方面，差別只在於午餐費的認知，實質上兩家的零用錢金額完全相同，都是3萬日圓。至於打工收入，我猜想應該是男生和女生的體力差距及回家時間不同（西村家當時的門禁時間原則上是晚上十一點），才會有所差距。西村老師對兩位女兒都是採用一致的做法，唯一不同之處在於駕訓班和考駕照費用。

聽說西村老師的大女兒個性比較謹慎，所以沒有想要考駕照的意願；相較之下，小女兒以「大家都要考駕照」爲由，表現出積極意願，所以當時先借了26萬日圓給小女兒，並計畫之後的四年期間每個月預先從零用錢扣除3千日圓還款。

不過，聽說小女兒每月還款還了兩年後，她的努力得到肯定，所以免除了剩餘兩年的還款。至於求職的相關費用，西村老師說雖然沒有花費到住宿費，但一身必備的行頭是父母負擔了費用。在參加成人儀式的和服方面，據說大女兒成年時買了一套全新的和服，小女兒成年時則是將就穿了姊姊的舊和服。

還有，在拍照費用方面，西村家是父母付了兩位女兒的費用。因爲我們家是兒子，所以只花了開學典禮時穿的西裝費用，也沒有特地拍照。不過，如果我們家生的是女兒，肯定也會和西村老師家一樣。我們兩家只有手機通話費是不是由父母來負擔這點有所不同而已。

智慧型手機的花費應屬玩樂開銷

看了上頁藍家與西村家的「大學時期的金錢負擔」比較表之後，相信大家都知道最大差異在於，一般手機與智慧型手機通信費的負擔，看來我們家這對父母似乎太寵孩子了，這樣的失誤實在值得檢討。

西村老師說：「如今智慧型手機已成為主流，加上也會有家人一起加入會比較便宜等誘因，所以要讓孩子本人負擔或許比較困難。求職時，智慧型手機或許是必需品，但照理說，一般手機或智慧型手機的通信費算是玩樂開銷，所以每個月預先從零用錢扣除這部分的金額應該沒什麼不妥。

手機不是也會有利用不同的方案，有時可以比較省錢的狀況嗎？我們家是孩子們自己去做判斷，我的兩個女兒還是學生的時候，幾乎都是使用PHS手機，因為最便宜，所以她們是加入Willcom（註1）的家族方案，我大女兒從頭到尾都是利用這個方案，小女兒升上大學三年級的時候要求換成智慧型手機，我們告訴小女兒，如果她願意自己負責就不反對，所以她自己搞定了所有申辦動作。在畢業之前，為了盡可能省錢，小女兒使用了兩種手機，打電話時都是使用PHS手機，我覺得能夠這樣自己設法省錢滿好的。」

由父母負擔孩子老後的生活費？

我們家一直是由父母幫孩子支付保險費，這點似乎是最大的失誤。西村老師的兩位女兒都利用了延後繳納制度，等到就業的同時，本人才開始繳費。兩年下來的保險費大約是36萬元日圓，當初會利用延後繳納制度的原因是：

「國民年金保險最後會給付給本人對吧？所以，我下意識認為『這是妳的年金』，也就很自然地讓兩個女兒利用延後繳納制度。我的想法是，國民年金保險是未來要用的錢，換言之就是退休後的生活保障。不應該由父母提供孩子的生活保障

註1：Willcom是日本的PHS手機服務的品牌名稱，該服務始於二〇〇五年二月二日，結束於二〇一四年七月三十一日。

資金吧？」

嗯！有道理。被西村老師這麼一說，我才發現真的是這麼回事。當初因為周遭的朋友大多會幫孩子繳費，所以我們家也跟著這麼做，但事到如今，後悔也來不及了。此刻，我只能以「悔不當初」來形容自己的心情。

駕訓班和考駕照的費用，建議採用借款的方式

說到駕訓班和考駕照的費用，我負擔了全額（27萬日圓），西村老師也負擔了一筆不小的金額（約19萬日圓／約26萬日圓）。這部分在我協助「養孩子要花多少錢集思廣益會」（註2）出版《養孩子要花多少錢？》時，深深為自己幫孩子出了錢感到後悔。

註2：「養孩子要花多少錢集思廣益會」是在日本擁有理財規劃師身分，同時也身為人母的六位成員所組成的。部落格：http://childmoney.grupo.jp/

以畠中雅子老師為首的「養孩子要花多少錢集思廣益會」的理財規劃師媽媽們，建議大家採用借款的方式。理財規劃師山本節子老師表示，對於孩子上了大學後的大筆開銷，譬如駕訓班費用或出國旅遊等等，她都是以免利息的媽媽貸款方式借錢給孩子。山本節子老師為她的每個孩子各準備一本「借款筆記本」，並要求孩子在就業後開始還款。然而，我有機會認識幾位老師們的時間晚了那麼一些些，在那不久前還是大學一年級的兒子放暑假時，已經付了駕訓班和考駕照的費用。

希望大家可以拿我們家的例子作為借鏡。不過老實說，當初我兒子並沒有特別想考駕照，是我們說服後才去考的。我們家每天都會用到車子，但司機就我一個，我丈夫以前是個窮學生，所以在大學時期沒能夠考駕照，在那之後他一直過著忙碌的工作生活，所以到現在還是沒有駕照。因此以我的立場來說，當然迫切渴望找來一位候補司機，另一方面，我也擔心兒子走上與父親相同的路。於是，我說服了兒子趁時間比較充裕的一年級暑假去考駕照，多虧這點，現在即使我不在家，也有人可以開車，真是方便太多了。

兒子的零用錢狀況

我們家兒子升上大學後開始打工，所以在不知不覺中，「零用錢程式」處於好像已經結束，又好像還持續執行中的狀態。當時我心中的理想零用錢金額是「零元」，然而，兒子選擇文科，考進了一所留級率高、課業沉重的大學。另一方面，兒子也夢想著可以出國留學，以母親的角度來說，也希望兒子可以參加社團等活動，做自己想做的事，讓自己度過充實快樂的學生生活。

基於這些理由，想要靠兒子打工賺錢就搞定所需的零用錢金額頗有難度。事實上，兒子的打工收入再怎麼多，也頂多7萬日圓，有時候課業過於繁忙，還可能整個月都沒有時間打工，平均算起來，兒子的月收入差不多是4萬～5萬日圓。

他高中時每個月的零用錢金額是2萬日圓，剛升上大學時依舊保持2萬日圓，但實質上的零用錢被減額為1萬日圓，另外1萬日圓則轉為午餐費。

然而，最初或許有一方面是因為領實習工讀生的時薪，所以打工收入較少，等到我察覺時，兒子已經長了滿臉的青春痘！兒子似乎為了省下午餐費而沒有保持均衡的飲食，於是我增加1萬日圓，並吩咐兒子一定要多吃蔬菜。在那之後，兒子臉上的青春痘變少了，我想他應該有好好聽話多吃蔬菜吧！

課業、打工、社團活動、和朋友出去玩、偶爾約個會，兒子整個學期的行程幾乎塞得滿滿的。他其實也很想多參加高中同學的聚會，但學期中只能自我控制，等到放長假才有時間參加。如果在外面聚餐喝酒，再便宜也要花上3千日圓左右，所以兒子設法降低開銷，改成去朋友家或在公園小酌。聽說兒子約會時也是與女朋友各付各的，但即便如此，偶爾還是會聽見他碎念說：「我連約會的資金也沒有。」

除此之外，社團活動的場地使用費也挺花錢的。每次要參加大型活動前，兒子似乎都要費上一番心思。在服裝方面，開始打工後兒子不再只會買二手衣，偶爾也會買喜歡的新衣穿，不過，我看他其實還想買更多更多衣服來穿就是了。

還有雙主修課程的學費，因為兒子當初是參加只有十堂的短期課程，所以這部分是拿教育基金險的儲蓄支出。

雖然金額會有波動，但兒子當時每月差不多有7萬日圓的零用錢，就我觀察下來，這樣的金額還算足夠。然而，兒子升上大學時，我叮嚀過他要記得拿收入的十％儲蓄，最初他確實照做了，但不知何時便停止了儲蓄。

當時兒子有些浪費的傾向，所以我們做了溝通。我告訴他：「人們都必須在有限的金額內應付開銷。」

後來，兒子似乎變得比較理智一些，決定重新開始儲蓄。

突然多了很多錢可以使用是一件危險的事，這時有必要重新做過調整，讓自己可以好好與增加的金額打交道，「或許大學時期就是學習這些道理的階段吧！」當時我抱著這樣的想法，在旁默默守護兒子的成長。

西村老師的建議

大學時期會有獎助學金，所以掌控零用錢的難度更高

如今的大學生有半數都會利用獎助學金，當中以日本學生支援機構（註1）的獎助學金最具代表性。雖然該機構近來也開始提供給付型的獎助學金，但還是以提供借貸型的獎助學金爲主，說穿了也就是貸款。

（註1：日本學生支援機構（Japan Student Services Organization、簡稱JASSO）是主要以學生爲對象提供助學金、留學支援，以及針對外國人留學生提供就學支援的獨立行政法人。）

獎助學金與學生貸款的差別在於低利率。以日本學生支援機構的獎助學金爲例，可分爲無息獎助學金（第一類）以及有息獎助學金（第二類）。其利率會依開始還款年度不同而有所差異，但目前是在一%內上下波動，也設有最高只能到三%的上限。以申請金額來說，大學生最多每月12萬日圓、研究生最多每月15萬日圓。

至於給付型的獎助學金，在入學前提出申請時，會有學業成績的審核（高中的評定平均值必須達三．五以上）以及所得限制。

假設每月借款10萬日圓（第二類），120萬日圓×四年會是四百八十萬日圓，如果入學時另申請了50萬日圓的特別增額，總額就會變成五百三十萬日圓。

如果以二%的利率計算、分二十年償還

西村老師的建議

的話，償還金額約爲650萬日圓，每月償還金額約2.7萬日圓（指在未設定保證人、僅由機關做保證的情況下）。當學生出社會領到被扣除諸項費用後的第一份薪水時，必須再從中拿出這2.7萬日圓來還款。不久後，當初利用延後繳納制度而延後繳納的國民年金保險費，也會隨著就業的同時來請款。

因爲年滿二十歲後就會產生支付國民年金保險費的義務，所以即使應屆考上了大學，最少也必須支付兩年份的保險費。國民年金保險費的月額爲16,540日圓，兩年的費用計算下來將會有約40萬日圓的金額，而這也是必須支付的金額。獎助學金的長期還款還眞是小看不得。

過去，日本學生支援機構曾經爲了設法降低高達二十%的遲繳率，而採取製作影片分發到大學等學校的對策。影片當中甚至採用了「如果遲繳超過三個月以上，個人信用將會留下不良紀錄，到時可能會申請不到信用卡，或未來想要辦理房屋貸款時，就沒那麼容易借到錢」的說法，也曾因此受到批評。

以目前來說，雖然每年度會有所差異，但據說遲繳率差不多落在五%左右。日本學生支援機構的官方網站上可找到搞笑藝人以短劇方式呈現的公開影片，有助於深入了解獎助學金。

話說回來，二〇〇六年貸金業法（相當於台灣的融資公司法）大幅修正後，融資金額方面也受到了管制。依融資管制，最多不能借出超過收入的三分之一以上金額。這就是所謂的總量管制。照理說，每月可借到10萬日圓的人，必須有30萬日圓的收入才行。明明如此，幾乎都是零收入的學生卻借得到錢？這是因爲日本學生支援機構並非融資公司，所以沒有被納入總量管制對象。不過，只要仔細一想，就會發現事實上日本學生支援機構與融資公司沒什麼不同。還請大家不要忘了這是一種針對個人的信用貸款。

大學生若想要使用獎助學金，都是在高中畢業時提出申請，而就讀大學的四年期間不需要還款，所以會在這段時間內把獎助學金是貸款的事實完全拋出腦外。大學生會覺得自己就像在領零用錢。每月都會有獎助學金匯款進來，如果還是一個離開老家在外面生活的大學生，獎助學金就會和父母寄來的生活費混在一起，可怕的地方就在這裡。

如果懂得考量到還款時的負擔而少借一點錢或節省使用，那當然就沒什麼問題，但大學生依舊是個孩子，手上有多少錢就會花掉多少錢。雖然我沒有實際做過調查，而只是憑自己長期觀察下來的實際感受來判斷，但還是不得不說，大學生眞的完全不會有「我要把錢留下來備用」的念頭。

所以，就我的看法，我會建議在孩子升上大學後，要求孩子利用智慧型手機下載家計簿的 APP 來記帳。畢竟只要有了記帳的觀念，自然就會做出存錢的行爲。

剛升上大學的第一個月會需要支出各種費用，所以這部分就不納入考量範圍。不過，我希望大家可以利用第二個月到第三個月的這段時間，掌握自己屬於「會有多少收入、必須支出多少費用」的類型，努力養成習慣來控制在那之後的三年八～九個月時間。

●　●　●

特別篇

零用錢的總檢討

——拿零用錢長大的孩子

會變成什麼樣的大人？

幸好執行了「零用錢程式」？

趁著這次的改版修訂，我決定針對「零用錢程式」做一下總檢討。藍家利用「零用錢程式」教育孩子到底是好還是不好？針對這個問題，我想從兩個觀點進行驗證。首先，在金錢教育上發揮了多少效果呢？

先岔開話題，針對零用錢做了很多採訪及寫作後，我開始覺得經濟直覺也會受到與生俱來的天分影響，就像運動神經的好壞一樣，或許經濟直覺也會有天分上的差異（但西村老師不認同這個說法就是了）。我的父親是個銀行員，也從事投資的工作，父親這方面的才華似乎遺傳給我的弟弟，我弟弟在這方面也管理得十分得當。至於我，還是別提了。我覺得如果沒有刻意接受金錢教育，差距就會拉大，當然了，環境因素也有不容小覷的影響。

一路來，我接觸過許多育有多位子女的家長，分享他們挑戰「零用錢程式」

的經驗談，當中經常會聽到明明是手足，使用金錢的方式卻大不同的例子。舉例來說，有位家長就表示：「即使是親兄妹，就算採用同一套零用錢制度，但還是會有所不同。哥哥是手頭有多少錢就豪邁的花光光，妹妹則是會把三分之一的錢存下來、三分之一的錢拿來用，剩下的錢還可以用來買母親節禮物。」以前我會覺得那純粹是個性上的差異，但現在會覺得或許是與生俱來的才華差異。

我之所以會在這裡高談「經濟直覺才華論」，是有原因的。我要說的不是別人，正是自己的兒子，當我回顧兒子一路來的表現，覺得兒子在金錢方面似乎不是那麼有才華，就如同我們這對身為父母的夫妻也沒有什麼才華。環境也是，無可否認地，與父親是西村老師的環境相比，肯定是差距甚大。

那麼，花了那麼長一段時間執行「零用錢程式」，難道是白白浪費工夫？為了解開這個疑問，我決定做一下驗證。

我們家是在兒子小學時開始執行「零用錢程式」，當時對兒子長大成人時的想像還是既遙遠又模糊，只期望兒子未來可以成為做得到第71頁舉出的四種自立的大人，或是理解自己應該成為那樣的大人而做準備。對於❶的經濟自立，我們持有的概念僅限於如本書所說明的「有能力自己賺錢養活自己」，本書也並未設定金錢教育的目標。於是，在與西村老師商量討論之下，我試著列出零用錢可達成的目標。

●零用錢是否達成「金錢教育」的目標檢查重點

❶理解必須有能力自己賺錢養活自己。

❷理解不可以使用超過自己持有的金錢額度，並且身體力行。

❸對於必要開銷、娛樂開銷、短期儲蓄與長期儲蓄，能做好預算管理。

❹不曾被捲入金錢糾紛。

❺不與他人有金錢借貸關係。

一般來說，如果以小孩的零用錢這點來斟酌，就算期間再長，也差不多該在大學畢業時停止給零用錢。

以上述的五個目標來看，我們家兒子的表現則用以下的評分「◎非常好、○好、△表現尚可、×有待加強」來加以說明。

第❷項之所以給○，是因為我們家兒子有「有多少花多少」的傾向，雖然出社會後，他會預先扣錢存下來，但相信在那之前，他肯定有過把包含父母給的壓歲錢等儲蓄揮霍一空，呈現零儲蓄的狀態。

第❸項的△是因為兒子在大學時期幾乎不曾儲蓄。不過，兒子在大學四年級那年的秋天到隔年的六月去巴黎留學，在他本人的熱烈渴望下，當時沒有住進大學宿舍，而是在市區的公寓租一間房間（七層高無電梯公寓的頂樓加蓋）自己一個人住。留學費主要是拿當初為了留學而儲蓄的存款來支出，至於房租、水電費到生活費等所有費用，則是從日本寄錢過去。那段時間裡，兒子似乎每月利用家計簿APP做了收支管理。我這個做媽媽的，是在修訂本書時，詢問兒子才得知這個事實，看來留學期間兒子確實做到了金錢管理。另外，在房租方面，法國政府提供了補助方案，雖然申請作業相當繁瑣，但兒子不畏辛勞的申請到了補助金。

至於第❹項，兒子一次也沒有捲入金錢糾紛。

第❺項之所以會是△，是因為兒子以「以後不可能有機會長期居留」為由，表示想利用就業之前的二月～三月期間重溫巴黎的生活，而向父親借了23萬8千日圓、向母親借了22萬日圓作為旅費。針對這部分的借款，兒子會在每次領年終獎金時，會分期付款還給我們，目前兒子只要再還父親2萬8千日圓、還我1萬日圓即可還清借款。如果從以上的結果來評分兒子的零用錢目標達成狀況，我想差不多會是75分左右吧！

歲月如梭，兒子現在已經二十六歲，邁入第二年的社會人士生活。兒子之所以這麼慢才踏入社會，是因為當初為了留學而延後一年畢業，畢業後也沒有立刻就業，而是跟在造型師身邊做了一年無薪的助理工作，再加上找到工作後，等了快一年才實際開始上班。兒子當初是應屆考上大學，所以算起來一共晚了三年才成為社會人士。

現在兒子每個月會儲蓄3萬日圓，加上領年終獎金時儲蓄15萬日圓，另外再拿出與大學時期的零用錢相同金額的2萬日圓貼補家用。醫療保險費方面，現在也是由兒子自己負擔，這部分的費用大約1萬日圓。至於其他開銷，兒子都是抓得剛剛好符合預算，所以每月收支呈現打平狀態。在不是那麼有金錢概念的父母教育下長大，加上本人似乎也沒有什麼金錢神經之下，兒子卻能夠做到這般管理，我想應該可以歸功於利用「給零用錢」所做到的金錢教育吧！

做家庭工作是否培養出了生活自立能力？

另一個觀點是從做家庭工作的成果來進行驗證。

在第91頁的內容裡，對於兒子高中畢業滿十八歲時的能力表現，我給了「只能有八成左右的達成率」的評語。不過，我似乎錯估了兒子的能力。

兒子出國留學展開一個人生活後，變得會積極從事以往總是賴給父母做的打掃工作，把家裡打掃得乾乾淨淨。料理也是，雖然兒子總共只會做六道料理，但他讓六道料理輪替上場，徹底執行了自己煮飯的生活。學業方面也一樣，遇到可以輕鬆搞定的學習內容時，兒子能有餘力把多出來的時間和精力，投入於比較難應付的學習上。看來，我們算是培養出一個整體家事能力偏高的男生。兒子在料理方面不是那麼擅長，所以家事能力的分數差不多是九十分吧！如果把這分數和零用錢目標達成率的分數平均起來，可達到八二・五分呢！

以結論來說，藍家很慶幸當初執行了「零用錢程式」。

兒子本人的感想

兒子〔工作資歷一年　單身／與父母同住〕

「我學習到基本勞動概念，必須有所付出才賺得到錢。還有，對於洗碗盤和摺衣服的工作，現在我一點也不覺得辛苦。這部分會有種花了很長一段時間，才培養出來的感覺。我會習慣確認自己的財務收支狀況，但應該屬於不太會管理金錢型的人。原因是我很會花多錢。畢竟我的喜好太多了，我喜歡漫畫、音樂、衣服、衣服、衣服，還有露營等等，當中有很多花錢的嗜好，我也會被各種事物勾起興趣。念大學時我總會不小心買了什麼東西，或沒有好好思考就買下演唱會的門票之類的，每次發生這種狀況，我都是找媽媽借錢。高中畢業之前，因為沒什麼錢，所以金錢管理得還算不錯，但升上大學收入變多之後，就會開始不小心花太多錢，對於自己在大學時不知不覺中就不再儲蓄這件事，我深感反省，所以為了避免不小心花光錢，我現在會預先把儲蓄的錢存進帳戶裡。」

聽了這麼多都是關於藍家的狀況，你是不是開始覺得金錢管理方面的內容太少了呢？請放心，接下來將分享擁有才華，也有好的環境的西村家狀況，來滿足大家的需求。說到西村家，實在令人佩服，我必須承認真的有才華上的差異（或許也有環境上的差異）。

西村家的總檢討——兩位女兒的現狀

長女（工作資歷十一年（雙薪家庭）已婚七年／長子二歲四個月（幼幼班））

「我們家是採取零用錢制度，所以上了小學後，當我想要什麼東西時，父母也不會當場買給我。因此長大之後，很自然地已經養成習慣，每次看見想買的東西時，都會先仔細思考那是不是真的非買不可。金錢不會自己從天上掉下來，那是父母辛辛苦苦工作賺來的重要東西，因為從小就受到這樣的教育，所以婚後必須自己應付開銷時，買東西都會有貨比三家的習慣，哪怕只是便宜一元也好，我也會挑選最便宜的店家，也養成集點的習慣。為了避免不必要的花費，我不會在錢包放太多錢。基本上，我不會在便利商店買東西，買東西時我盡可能避免非現金的付款方式，好讓自己可以透過現金支付的方式，親身體會自己掏錢買東西的真實感（體會金錢的重要性）。我很期待一家三口或更多家人一起去旅行，有旅行計畫時都會省著用錢。我們家幾乎不外食。」

次女〔工作資歷六年（雙薪家庭）已婚三年〕

「雖然金額不多，但我有將部分薪資轉儲蓄、加入確定提撥制退休基金。我不會借貸，也不會隨便申辦信用卡。日用品和食品我會挑價格便宜的店家購買。購買商品時，也會先比較價格後才購買，像是洗髮精與潤髮乳的補充包，我會購買容量比較大的。我只會把錢花在夫妻倆或更多家人的家族旅行，我會提醒自己花錢時要拿捏好，不會亂花錢，只要是還可以用的東西，我會一直珍惜使用。我會利用家計簿APP記帳。」

西村老師也表示：「我兩個女兒應該都沒有亂花錢的傾向，她們都切身體會到金錢的重要性，也會確實做好金錢管理。兩個女兒都很期待每年跟我們夫妻倆一起去沖繩旅行。當然了，打從孩子自立後，我們也沒有提供過金援。」

西村家的家庭工作成果

西村家當初是如何安排家庭工作的呢？西村家的女兒們年紀還小時，做過把鞋子排列整齊等簡單工作，後來，她們做過洗碗和摺衣服這些正統派的工作。西村家的小女兒大學時期曾經自己一個人離家在外住了兩年，她在那段時間果然也培養出了家事能力。不過，現在兩位女兒都結了婚，也會負責家事，充分發揮著從小培養出來的家事能力。西村老師告訴過我：「我的大女兒和小女兒年紀相差六歲，姊姊小時候經常會做照顧妹妹的工作，幫了我太太很大的忙。」如果是有兄弟姊妹的家庭，這無疑是一份非常好的工作。

前面提到，對於我的「經濟直覺才華論」，西村老師是持反對意見，但看著西村家的總檢討內容，還是不禁覺得才華和環境對經濟直覺很重要。不過，看了西村老師的反對理由後，就會明白不論有沒有才華，都無法否定金錢教育的重要性，即使沒有才華，執行「零用錢程式」還是有著重大的意義。我在這裡分享一下西村老師的意見。

「對於有沒有金錢神經或才華（才智）之類的說法，我無法百分之百表示認同。教育必須是能夠張開雙手接納所有人的存在，不要拿自己沒有才智當藉口，表現出死心的態度而不肯去努力。為人父母者應該設法讓孩子學習到最低限度的金錢教育基礎，像是『金錢是努力工作才賺得到的珍貴存在』、『爲了未來著想，一定要儲蓄』、『不跟他人借錢』等等，也應該幫助孩子培養懂得從必要性或該物品價值等多方面來思考後，才決定要不要花錢的習慣。我認為學習如何與金錢打交道是一個人人必須學習的普遍教育，如果學會與金錢打交道，人生將可以變得更加精采豐富，不管未來的社會如何變化，也會有能力存活下去。」

透過西村老師的意見，可以明白不論有沒有才華，都要接受金錢教育比較好，更進一步來說，正因為有些家庭就像我們家一樣沒什麼才華也沒有好的環境，才更應該實施「零用錢程式」的金錢教育，很慶幸我們家執行了！

「零用錢程式」真的是很棒的金錢教育工具，大家不妨今天就開始執行吧！

後記

橫濱國立大學名譽教授
西村隆男

我不是幼兒教育的專家，我只是一個不停在思考應該如何教導孩子們去理解經濟和社會的架構、應該讓孩子們從小即慢慢累積什麼樣的知識和技能，才能更具備生存能力去面對未來生活的教師。

九〇年代接近尾聲時，我很納悶美國為何會教導高中生與商業和法律等方面有關的實用知識，另一方面，也不知為何，美國會有特別多的個人破產案例，於是好奇的做起研究。那段日子裡的某一天，我在芝加哥的書店發現一本採用盒子包裝、書名為《AllowanceSystem》的工具書，這本書正是關於「零用錢制度」的書，內容談到，親子之間簽訂合約，孩子做下承接家庭工作的約定，進而領取零用錢。不是口頭說說，而是確實製作書面合約，雙方也必須簽名。

當時我開心得手舞足蹈，沒想到可以找到這麼有趣的東西！因緣際會下接受了雜誌的採訪，我的上一本著作《給孩子們的零用錢練習本》也得以問世。在那之後過了十年，接到藍女士表示想要出版零用錢相關書籍的聯絡後，長久以來在我內心持續醞釀的想法再次被點燃，便二話不說點頭答應。這次，藍女士又捎來了令人開心的消息，表示在多數讀者的熱烈反應下，將準備進行改版修訂。

做一個懂得自己動腦思考來採取行動，並且不會只為了自己，也會為他人著想的人。

二〇一二年日本實施了消費者教育推進法，並賦予該法這般精神，消費者教育推進法的概念是希望藉由消費者主體性參與社會的行為，來培育可在消費者公民社會生存的人們，自己知道自己應該做什麼，也會負起責任做到應盡義務。

另一方面，也會保持有彈性的思考力，憑自我判斷來購買必需品或想要的東西，時而也會爲了他人、爲了社會而使用金錢。只要有錢，任何東西都買得到；對孩子們來說，這想必是一件宛如具有魔法的事情。

本書所寫的「零用錢程式」即是把有趣的事物與令人感興趣的事物化

為工具，進而利用工具訓練孩子慢慢加深與人們和社會之間的關係，請嘗試看看這個「零用錢程式」，親子一起感受其中的樂趣吧！

二〇一九年秋天，我去了一趟瑞典。在瑞典的首都斯德哥爾摩，多數店家都不接受現金交易，就連想要找個ATM也要找上老半天。斯德哥爾摩的市民都是刷卡付費，不然就是使用名為「Swish」的電子錢包來付錢，在那裡，現金已漸漸從社會裡消失蹤影。

當時我拜訪了當地的國中，並請來大約二十名學生，我詢問學生到店家購物時會如何付款時，所有人都從口袋裡掏出iPhone回答我：「用這個付錢。」Swish是採用可在智慧型手機之間進行支付的模式，只要輸入彼此的電話號碼及金額，即可互相轉帳，而且不會產生手續費。

那裡的父母給孩子零用錢時也是利用Swish。看在我眼裡，不禁擔心孩子們會因此對金錢失去真實感，但據說瑞典人會讓孩子在小學時期以真實的金錢磨練技能。

學習如何與金錢打交道就是在學習人生（當然了，不用多加強調也知道金錢並非人生的一切）。學習試著儲蓄、使用金錢，而且是在可以自己做判斷、自由控制的狀況之下。使用金錢可以是爲了自己、爲了他人，也可以是爲了社會。還有，零用錢也是親子之間的溝通工具，就抱著可以看見孩子領到零用錢時的燦爛笑容，嘗試看看吧！

最後，我在此由衷感謝藍博子女士，並為她在這個育兒書籍氾濫的時代，仍對給零用錢的方式有所堅持的執著態度，給予最大的聲援。另外，我也想趁此機會感謝我的兩個靠著零用錢系統成長茁壯，婚後仍然那麼期待一年一度家族旅行的女兒。

後記

教育新聞工作者
藍博子

「這麼好的零用錢程式若是消失，豈不是太可惜了！」

這就是促成我想要提筆撰寫本書的動機，細節就麻煩大家閱讀本書，而我說的「這麼好的零用錢程式」，正是十年前在西村隆男老師負責翻譯下出版的《給孩子們的零用錢練習本》中的方式。

當時我們家兒子還是小學生，我立刻採納了這個方式，等到察覺時，已經變成理所當然的日常，一直持續到兒子升上大學。看見我們家能夠持續長達十年之久，大家應該不難感受到這樣的給零用錢方式，其實可以順利當作是生活的一部分。

製作本書時，我察覺到其原因在於「零用錢程式」也能為孩子帶來莫大的喜悅，孩子可以從中獲得令人心情雀躍的體驗，那種心情即是本書漫畫裡的登場人物小金所說的：

「我好強喔！我要自己工作賺零用錢！跟大人一樣耶！」看了漫畫內容後，我們家兒子也一副感觸良多的模樣回想過去說：「我也有過一樣的想法。」從兒子的反應可看出我的說法是正確的。喜歡被看待成大人、想要能夠趕快長大，孩子們對於成長的渴望與憧憬，即是促使「零用錢程式」成功執行的原動力。

早稻田大學人類科學學術院的名譽教授菅野純老師在其著作《究竟要等到什麼時候我們家孩子才會變得幹勁十足？》，也提到幹勁的來源＝可成為心靈能量來源的「樂趣」，並表示：「孩子喜歡追求『正向變身』這種認真型的樂趣，所謂的『正向變身』的意思即是『做得到以前做不到的事情』。」

另外，針對「零用錢程式」，菅野純老師也表示：「透過從事工作來領零用錢的行為，孩子會產生『我現在也能靠工作來賺錢』的想法，切身感受到自己的正向變身而感到開心、驕傲並樂在其中，內心也就會自然湧

現『以後也要更努力工作』的心靈能量。」

請大家務必試著執行看看本書的「零用錢程式」。孩子做起工作時有些自豪的模樣，或是認真思考要怎麼使用零用錢時的模樣真的很可愛，保證可以讓你會心一笑。身為已經實踐到孩子長大成人的前輩，我可以滿懷自信的把「零用錢程式」推薦給大家！

什麼樣的狀態才算是做到親子之間的公平溝通？

對於這點，「零用錢程式」也能帶來提示，而且透過嚴肅討論金錢的話題、互相分擔家庭工作，可使親子之間心靈相通，家人的情感也會變得深厚，你將會深刻感受到一家人成為合作無間的團隊。孩子將會習得家事技能，也會知道家裡的實際運作狀況，當然了，也會變得很懂得如何與金錢打交道。

最後，我在此由衷感謝西村隆男老師協助本書的監修工作，多虧有了西村老師這位金錢專家、金錢教育專家的大力支持，本書才得以成為更值得信任的存在。

另外，也感謝春原彌生老師提供可愛的漫畫為本書增添魅力，以及感謝主婦之友社的三橋亞矢子小姐給予各方面的支持。謝謝大家！

MEMO

MEMO

family field 親子田 親子田系列 046

從小打造富腦袋的零用錢教養術

最新版　子どもにおこづかいをあげよう！

作　　　者　藍 博子
監　　　修　西村隆男
繪　　　者　春原彌生
譯　　　者　林冠汾
責 任 編 輯　陳鳳如
封 面 設 計　張天薪
內 文 排 版　李京蓉
童 書 行 銷　張惠屏・侯宜廷・林佩琪・張怡潔

出 版 發 行　采實文化事業股份有限公司
業 務 發 行　張世明・林踏欣・林坤蓉・王貞玉
國 際 版 權　鄒欣穎・施維真・王盈潔
印 務 採 購　曾玉霞・謝素琴
會 計 行 政　許俽瑀・李韶婉・張婕莛
法 律 顧 問　第一國際法律事務所　余淑杏律師
電 子 信 箱　acme@acmebook.com.tw
采 實 官 網　www.acmebook.com.tw
采 實 臉 書　www.facebook.com/acmebook01
采實童書粉絲團　https://www.facebook.com/acmestory/

I S B N　978-626-349-308-7
定　　　價　350元
初 版 一 刷　2023年7月
劃 撥 帳 號　50148859
劃 撥 戶 名　采實文化事業股份有限公司
104 台北市中山區南京東路二段 95號 9樓
電話：02-2511-9798　傳真：02-2571-3298

國家圖書館出版品預行編目(CIP)資料

從小打造富腦袋的零用錢教養術/藍 博子作；林冠汾譯. -- 初版. -- 臺北市：采實文化事業股份有限公司, 2023.07
208面；17×23公分. -- (親子田；46)
譯自：最新版　子どもにおこづかいをあげよう！
ISBN 978-626-349-308-7(平裝)

1.CST: 理財 2.CST: 親職教育 3.CST: 通俗作品

563　112007777

線上讀者回函

立即掃描 QR Code 或輸入下方網址，連結采實文化線上讀者回函，未來會不定期寄送書訊、活動消息，並有機會免費參加抽獎活動。

https://bit.ly/37oKZEa

采實出版集團
ACME PUBLISHING GROUP